Que disent les chats...

quand on leur pose les bonnes questions

Flore De Clercq-Coumau
Préface de **Richard Blostin**
Docteur vétérinaire

Que disent les chats…
quand on leur pose les bonnes questions

LE COURRIER DU LIVRE
27, rue des Grands-Augustins
75006 Paris

ISBN : 978-2-7029-1344-4

www.editions-tredaniel.com
info@guytredaniel.fr
www.facebook.com/editions.tredaniel

Sommaire

Partie 2
LE QUOTIDIEN DES CHATS

Partie 3
LA SÉPARATION

À Néo,
et à tous les chats.

À Pascal, pour son indéfectible soutien.
À Fred, Mona et Sylvain, pour leur précieuse relecture.

À tous les adoptants qui m'ont fait confiance pour écouter leurs félins.

Préface

« Voici mon secret.
Il est très simple :
on ne voit bien qu'avec le cœur.
L'essentiel est invisible pour les yeux. »

Antoine de Saint-Éxupéry,
***Le Petit Prince*.**

Il y a différentes manières d'aborder la complexité du monde et de communiquer avec ce qui nous entoure. On distinguera facilement une approche scientifique rationnelle et universelle, évolutive dans le temps en fonction des progrès et des outils créés, d'une approche sensitive à partir de ressentis personnels, évoluant avec notre propre vécu. Les deux ne s'opposent pas et se complètent, voire peuvent arriver aux mêmes conclusions.

Ainsi, en médecine, dans bien des domaines comme en phytothérapie, la recherche scientifique analytique actuelle confirme ce que les Anciens avaient trouvé à partir de bases analogiques empiriques.

Dans son ouvrage, Flore De Clercq nous conte avec talent son expérience de médium, dialoguant avec les chats ! Voilà qui est original ! C'est son vécu qu'elle nous expose, sa vérité quotidienne.

Médium, elle permet le passage de l'information entre les chats et nous, humains.

Mais elle fait plus : elle entre en contact avec les chats, elle les écoute, elle dialogue, ils échangent. Et elle interprète ce qu'elle reçoit. Et c'est cette interprétation de cette relation si rare, rendue possible par ce « don », qu'elle nous retranscrit dans son livre afin que nous apprenions à mieux connaître ce grand mystérieux compagnon qu'est le CHAT.

Ce don lui permet ce contact. Alors, bien sûr, elle interprète et on pourra être surpris que les chats pensent et s'expriment comme nous. Mais prenons cette interprétation comme un « outil », tout comme un interprète d'une langue étrangère essaye de retranscrire le plus fidèlement possible dans notre langue un texte qui nous est incompréhensible. L'auteure capte le texte ou des images et nous les retranscrit. C'est sa traduction, sa vérité. Mais elle montre par de nombreux exemples que cette relation permet de modifier le comportement des chats de façon favorable, soit par le contact direct avec eux soit par l'intermédiaire des propriétaires après explication de la problématique exprimée par le chat et retranscrite.

« *Ne méprisons pas l'anthropomorphisme, s'il nous aide à nous exprimer* », écrit le botaniste Lucien Baillaud[1].

Il en est ainsi dans cette relation si particulière qui existe entre Flore De Clercq et les chats.

Son don est un comme un outil relationnel qui, dans sa conscience, permet de mieux connaître nos compagnons. Elle nous révèle ainsi leur individualité : chaque chat a sa propre personnalité, ses propres désirs et aversions, ses souffrances. Il nous les exprime.

Un être sensible, mais nous le savions déjà. Et bien des conclusions confirment les impressions des éthologues, des vétérinaires et des amoureux des chats.

---

1. Lucien Baillaud , « La végétalité : un réseau de déterminismes reliant structure, biologie et milieu de vie dans le deuxième royaume de la nature ? », *Acta Botanica Gallica : Botany Letters*, juin 2007, n° 154, p. 153-201. www.tela-botanica.org/actu/IMG/ABG_154_2_.pdf

Un don au service de la cause féline. Et nul besoin d'être médium pour transmettre à Flore De Clercq les remerciements ronronnants et caressants des chats pour ce beau livre. Car elle le sait déjà... ils lui ont dit!

« *La plus belle chose que nous puissions éprouver,* écrivait Einstein, *c'est le côté mystérieux de la vie, c'est aussi ce sentiment profond, qui se trouve au berceau de la science véritable*[1]. »

Richard Blostin
Docteur vétérinaire

1. Albert Einstein, *Comment je vois le monde*, 1949, réédition Flammarion, 2009, p. 145, repris par Jacques Tassin dans *À quoi pensent les plantes ?,* Odile Jacob, 2016.

Avant-propos

L'adoption de mon premier chat, Néo, me fit entrer en classe de communication animale.

Certes, je pratiquais déjà mes talents de médium auprès des hommes et j'envisageais spontanément de communiquer avec Néo à la condition qu'il fût à portée de main.

Lui-même comprit sans tarder mes capacités, car, peu après son adoption, il manifesta l'exigence d'être entendu. Si vous avez un compagnon chat à domicile, vous devinez comment cela se traduit : un ramdam d'enfer, l'utilisation de jouets bruyants ignorés jusqu'alors ou toute autre invention dont sont friands les félins.

J'écoutai donc Néo, son émotion, son besoin, sa demande, et promis, à l'avenir, d'agir en conséquence. Mon écoute et ma promesse lui permirent de dépasser cette faiblesse.

Il va sans dire qu'à partir de ce jour, sachant que je lui étais disponible, Néo ne cessa de me signaler ce qui lui était important : envies, besoins, comportements attendus, etc.

Cet avant-propos prendrait des proportions fluviales si je relatais toutes les occasions d'échange que Néo me procurait. Il avait l'esprit vif et alerte, il aimait le partage et comprenait tout ce que nous lui expliquions. Cela ne cessait d'étonner nos amis qui, à force, ont commencé à agir de même avec leur propre chat et à percevoir une amélioration de leurs relations.

Néo et nous avons vécu ainsi de longues années heureuses, jusqu'au jour où il partit, en colère[1]. Nous savions qu'il ne reviendrait pas. Pendant dix jours, j'ai communiqué avec lui. Ce fut ma dernière leçon de communication animale. Douloureuse certes, mais j'acceptais enfin de communiquer à distance.

Néo libérait sa place pour que j'offre mon écoute à tous les animaux dans le besoin.

1. Voir le chapitre « Les motivations au départ », page 209.

Terminologie

DÉNOMINATIONS

J'ai conservé autant que possible le nom réel des félins cités, car ils représentent l'imaginaire des adoptants. Toutefois, les homonymes tels que Princesse, Bart, Oscar ou Bob étant très courants, j'ai fait, à mon tour, fructifier mon imagination, à l'exception des chats désormais célèbres.

Ce livre traite aussi des relations entre l'homme et le chat, et spécifiquement de l'homme « référent » ou « d'attachement » d'un chat. Dans les citations, tous les adoptants sont désignés par la lettre « H », comme « homme ». L'homme, sans distinction de genre, n'étant point une espèce supérieure, « homme » sera écrit avec un « h » minuscule tout autant qu'« animal » est écrit avec un « a » minuscule.

L'ADOPTANT

« Tu es mon chat, je suis ton humain », disait Montaigne. Personnellement convaincue que l'animal domestique est le compagnon de l'homme tout autant que l'homme devient le compagnon de son animal, j'utilise le terme de « compagnon » pour désigner le chat, et le terme d'« adoptant » ou de « compagnon humain » pour l'homme. Le terme de « maître » est déplacé. Nous ne sommes en rien supérieurs aux animaux, dont les capacités surpassent les nôtres en de nombreux points.

Le terme juridique de « propriétaire » sera utilisé dans un cadre correspondant aux obligations légales. Malgré le vote parlementaire

Naïs

d'avril 2014 harmonisant l'ensemble des codes juridiques français et accordant aux animaux le statut légal « d'êtres vivants doués de sensibilité », les animaux de compagnie demeurent soumis au régime juridique des biens corporels appartenant à une personne. La société impose à tous une identité juridique responsable de ses actes. Un « propriétaire » est ainsi juridiquement considéré responsable de son compagnon animal. J'estime néanmoins que nos animaux de compagnie sont des êtres vivants dotés d'une conscience. Ils n'appartiennent qu'à eux-mêmes et méritent le respect total de leur intégrité et de leurs choix relationnels. Peter Singer[1], philosophe de la question animale, abonde en ce sens: *« Les animaux ne doivent en aucun cas être considérés comme une propriété. Au pire, nous pourrions être regardés comme des gardiens veillant sur leurs intérêts. Modifier ce statut de propriété privée serait idéal. »*

LE MODE DE VIE DES CHATS

J'ai été amenée à écouter des chats vivant selon différents modes de vie, de celui qui vit en intérieur à celui qui vit en totale autonomie dans la nature. La prise en compte du mode de vie a son importance pour comprendre le vécu de l'animal. Pour ces raisons et de façon arbitraire, j'ai classé comme suit leurs différents modes de vie:

- Les chats d'intérieur: chats domestiques vivant exclusivement en intérieur.
- Les chats accédant à l'extérieur: chats domestiques ayant accès à l'extérieur.

1. Boris Cyrulnik, Élisabeth de Fontenay et Peter Singer, *Les animaux aussi ont des droits. Entretiens réalisés par Karine Lou Matignon*, Paris, Seuil, 2013, p. 45.

- Les colocataires : chats cohabitant au sein d'un même foyer, qu'ils aient ou non accès à l'extérieur.
- Les chats uniques : chats domestiques vivant sans congénère, qu'il ait ou non accès à l'extérieur.
- Les chats semi-domestiques : chats vivant auprès d'un foyer humain et recevant parfois une ration alimentaire, sans être autorisés à entrer à l'intérieur dudit foyer.
- Les chats autonomes : chats vivant dans la nature en toute autonomie, plus ou moins loin des hommes.

La communication animale

Dans ce livre, la parole est donnée aux chats. Ils n'en sont donc pas l'objet, mais les « sujets ». Des sujets qui disent ce qu'ils ressentent et ce qu'ils pensent.

Depuis Darwin puis Konrad Lorenz, les animaux n'ont cessé d'être observés, étudiés, ou soumis à des tests plus ou moins sordides par des chercheurs de laboratoires, des éthologues, des biologistes et des philosophes. Non pour les comprendre, eux, mais pour saisir l'origine des comportements de l'homme ! Raison de plus pour ne pas leur accorder le sens du langage, dont l'unique référence fut longtemps la sémantique complexe du langage humain qu'aucun animal n'est capable de reproduire.

Progressivement depuis les années 1950, cette assertion a été mise à mal et contestée : différents scientifiques ont prouvé que non seulement les primates, les chiens, les chevaux, les cacatoès et les delphinidés possèdent un langage propre, mais qu'ils sont également capables de comprendre les signes et les mots prononcés par les hommes. On sait aujourd'hui que ces espèces comprennent nos paroles spontanément, sans autre apprentissage que celui de nous entendre parler. Et il va sans dire que les chats en sont tout aussi capables.

Certains scientifiques, enfin persuadés d'une possibilité d'échanges, ont pour idéal de parvenir à communiquer avec les animaux. C'est ce qu'a fait la primatologue Sue Savage-Rumbaugh avec les primates qu'elle étudie. Une de ses vidéos montre une conversation entre une assistante et une femelle bonobo. À l'aide d'un clavier à icônes, cette dernière a su converser et, surtout, insister sur sa demande d'« aller se promener en forêt ».

Cet exemple démontre deux choses. Tout d'abord, si l'on veut bien prêter attention à ce que veut l'animal, celui-ci sait parfaitement exprimer ses volontés tant avec son propre langage qu'à l'aide d'instruments fournis par l'homme. Dans un second temps, il prouve que la communication est malheureusement vouée à l'échec si l'homme n'a pas à sa disposition un instrument ou un système de traduction. Ainsi, si l'animal comprend le langage verbal de l'homme, la réciproque n'est malheureusement pas vraie.

Nous, communicants - ou communicateurs - animaliers, y parvenons pourtant. L'échange que nous avons avec les animaux aboutit à des résultats probants, notamment lors de disparitions ou de comportements inhabituels. Ce mode de communication, usuel dans les sociétés à tradition chamanique, demeure à ce jour largement admis dans le monde anglo-saxon.

ALORS, QU'EST-CE AU JUSTE QUE LA COMMUNICATION ANIMALE ?

Remarquons tout d'abord que l'usage de l'expression « communication animale » pour désigner la communication entre l'homme et l'animal s'avère impropre. En effet, scientifiquement parlant, la communication animale correspond aux modes de communication utilisés par les animaux entre eux, qu'ils soient ou non de la même espèce[1]. Et pourtant, cette expression est non seulement employée pour désigner l'activité des communicants animaliers, mais aussi, étrangement, par certains

1. Certains philosophes parlent d'« animaux humains » et d'« animaux non humains ». Dans ce cas, l'expression convient parfaitement.

comportementalistes qui désignent ainsi leur travail. Pourtant, ces derniers observent l'animal, effectuent une analyse mentale et proposent des solutions, dont certaines conduisent à la rééducation de l'animal. Ce qui n'est certes pas de la communication.

Le terme de « communication intuitive avec les animaux » est couramment employé et est explicite. Pourtant, je ne ressens pas ces échanges comme relevant de l'intuition, mais bien d'une connexion. L'expression la plus appropriée pour évoquer les échanges de mots et d'images entre les animaux et les hommes pourrait être « communication homme-animal » ou « communication animalière ».

Ce détail linguistique mis à part, pourquoi nous, les communicants animaliers, entendons-nous les animaux ?

Les animaux ressentent des émotions, ont des envies et cherchent à satisfaire des besoins primaires et secondaires. Ils possèdent aussi de multiples capacités cognitives et métacognitives qui leur permettent entre autres de prévoir, d'agir, d'interagir, de deviner, de comprendre, de formuler et de communiquer. Les animaux communiquent autant avec leurs congénères qu'avec des membres d'autres espèces. Considérant que les animaux sont, à l'égal des humains, dotés d'une conscience, les communicants animaliers prennent contact avec la conscience de l'animal pour échanger avec lui. La communication entre l'homme et l'animal s'établit de conscience à conscience. Le célèbre éthologue Boris Cyrulnik[1] aborde cette capacité en parlant de « bande passante » : *« Il semble exister un langage universel entre toutes les espèces, une sorte de bande passante sensorielle qui associe les hommes et les animaux. »* C'est ainsi que s'échangent les mots, les images, les émotions, etc.

1. Cité par Karine Lou Matignon, *Sans les animaux, le monde ne serait pas humain*, Paris, Albin Michel, 2000, p. 114.

A priori, rien d'extraordinaire à cela. La journaliste Christine Kenneally écrit, à propos de la communication entre nos deux espèces, que «*les lois fondamentales de la communication sont apparues bien avant l'espèce humaine; elles sont innées et largement répandues dans la nature*[1]». Ainsi, il n'y a rien d'illogique à ce que nous, humains, réussissions à communiquer avec d'autres espèces, par essence elles-mêmes communicantes, d'autant que «*le cerveau des mammifères contient déjà des structures impliquées dans l'art de la communication*[2]». Nous, communicants animaliers, entendons donc les animaux parce que nous savons nous connecter à cette fréquence commune.

Les communicants animaliers ont généralement un ou plusieurs modes de connexion préférés. Certains captent essentiellement par les images, d'autres par les mots ou encore par le ressenti. Autant confirmer tout de suite qu'aucun animal ne sait parler français, japonais ou espéranto. Il s'agit d'une fréquence qui est traduite en mots. Pour ma part, je parviens à capter les images, les mots et les émotions. Cela facilite la communication avec les jeunes, qui communiquent essentiellement par les images.

1. «*So you think you are unique*», article du *New Scientist*, 2008, cité dans Yves Christen, *L'animal est-il une personne?*, Paris, Éditions Flammarion, 2009, p. 124.
2. Yves Christen, *op. cit,* p. 103.

QU'EST-CE QUE JE METS EN ŒUVRE POUR ENTENDRE L'ANIMAL ?

En ce qui concerne ma pratique, la communication consiste essentiellement en une écoute. Une écoute empathique et centrée sur l'animal. C'est une écoute attentive de ce qu'il veut signifier, de ce qu'il ressent et de ce dont il a besoin. Je suis dans l'attention, la compréhension et l'acceptation de ce qu'il vit. J'écoute avec mon cœur et je me positionne dans sa « sphère de référence ». Car seule cette écoute empathique permet de saisir ce que signifient réellement ses comportements. Nous sommes à l'opposé de l'anthropomorphisme qui est le mécanisme inverse : celui qui amène « *l'observateur à projeter ses sentiments et ses perceptions sur l'autre*[1] ».

Enfin, et pour l'essentiel, écouter un animal présuppose plusieurs acquis.

Le premier est d'avoir une claire conscience de soi, de son fonctionnement personnel, de ses forces comme de ses fragilités. Surtout de ses fragilités. Il est aussi important d'avoir un bon ancrage terrestre qui évite l'anthropomorphisme et les projections. Cet exercice impose une entière disponibilité de cœur, une large ouverture d'esprit et un accueil empathique sans lesquels l'animal ne voudra peut-être pas se confier.

Le lâcher-prise mental est également indispensable pour être au plus près du ressenti animal sans se laisser emporter par ses propres croyances. Pour exemple, j'ai eu à écouter un étalon qui, pour plusieurs raisons, ne se plaisait pas dans son écurie de propriétaires et vivait dans l'anxiété. Trois semaines plus tard, lors d'une seconde communication, il se déclara heureux et serein, en dépit d'un reste d'anxiété persistante. Mon mental, incrédule face à ce changement radical, m'amena à remettre en cause

1. Selon Pascale Sicotte et Christine Nissan, « Femmes et empathie en primatologie », citées par Yves Christen, *op. cit*, p. 187.

ce que j'entendais. La propriétaire m'expliqua ensuite que l'étalon avait été rapidement déplacé dans un autre haras où il s'était détendu et rassuré. Cet exemple démontre qu'une situation peut très vite évoluer, bien plus vite que notre mental. S'en détacher permet l'ouverture et la confiance.

Au-delà de ce nécessaire travail sur soi, il me paraît utile de détenir de bonnes connaissances en psychologie et d'avoir été formée à des méthodes d'écoute qui vont, bien sûr, faciliter l'échange, mais surtout permettre à l'animal de se sentir entendu et soulagé. Grâce à mon écoute empathique, l'animal parvient à dépasser son vécu et modifie parfois son comportement. Par exemple, lorsqu'un chat ne rentre pas à son domicile, une vraie écoute peut le décider à y retourner.

Et en dernier lieu, écouter un animal requiert du temps. Le temps de se préparer, le temps d'entrer en contact, le temps que l'animal prenne confiance et s'exprime, le temps de se dire au revoir et le temps d'échanger avec l'adoptant.

Entrer véritablement en contact avec un animal requiert de la disponibilité de cœur, d'esprit et de temps.

Les scientifiques aiment à dire que les animaux prennent une part active dans leur rencontre avec les hommes. D'ailleurs, de nombreux adoptants sont persuadés que c'est leur animal qui les a choisis. En ce cas, il semble presque logique qu'ils aient envie de faire entendre ce qu'ils ont à dire. Certains chats, auxquels j'ai directement accès, manifestent de façon évidente leur envie d'être entendus. J'ai souvenir, entre autres, d'un chat qui venait systématiquement s'allonger auprès de son adoptante lorsqu'elle dialoguait avec moi. Cela a duré des mois. Du jour où je l'ai écouté, pleinement satisfait, il a cessé son manège.

La philosophe Donna Haraway[1] dit qu'« *il nous faut apprendre à rencontrer les animaux comme des étrangers pour désapprendre toutes les suppositions idiotes qu'on s'est forgées à leur sujet* ». En laissant libre expression aux chats, cet ouvrage tente de leur donner l'opportunité de démontrer par eux-mêmes qu'ils ont leurs émotions, leurs besoins et leurs attentes, qu'ils savent raisonner et communiquer entre eux comme avec nous. Ils démontrent également qu'ils ont compris le mode de fonctionnement humain et qu'ils savent s'y adapter tout en préservant le leur.

Pour réapprendre à les connaître, je vous délivre leurs paroles.

---

1. Diplômée de zoologie et de philosophie, citée par Vinciane Despret dans *Que diraient les animaux, si... on leur posait les bonnes questions ?*, Paris, Éditions La Découverte, 2012.

Partie
1

LES CHATS ET L'HOMME

Être écoutés

« Il est temps que nous descendions de notre piédestal pour les retrouver, les écouter, les comprendre. »

Franz-Olivier Giesbert

Écouter les animaux soulève de nombreuses questions. Après avoir défini ce qu'est l'écoute animalière[1], il s'agit maintenant de cerner ce que vivent les animaux lors de ce temps d'échange. On peut, dans un premier temps, s'interroger sur leur ressenti et leur réception : comment les animaux vivent-ils ce temps d'écoute ? En sont-ils heureux ou indifférents ? Que leur procure-t-il, à court ou à moyen terme ? Dans un second temps, on s'intéressera à leur degré de conscience : savent-ils qu'ils sont écoutés ? Sont-ils conscients des messages qu'ils transmettent ? Savent-ils par qui ils sont entendus ?

Nos animaux de compagnie ont pour habitude, jour après jour, d'accompagner nos humeurs et ils dépendent, pour l'essentiel, de nos décisions. Ils se laissent faire avec beaucoup de grâce et de patience. À l'inverse, le temps d'écoute empathique est un moment qui leur est intégralement consacré et pendant lequel ils peuvent librement s'exprimer. Ce moment constitue donc une réciproque. Par mon intermédiaire, l'adoptant cherche à comprendre ce qui se passe en leur cœur. Pour une fois, leur point de vue est entendu. Ils en perçoivent une double satisfaction.

1. Précédemment expliquée en introduction, pages 23-31.

L'ÉCOUTE EMPATHIQUE, UN JUSTE RETOUR ET UN INSTANT DE BONHEUR

Tout d'abord, les chats sont heureux de faire entendre leurs besoins et leurs demandes. De toute évidence, ils tirent bénéfice de ma disponibilité de cœur et d'esprit, car en fin de conversation, ils me gratifient de câlins et m'offrent la tendresse de les caresser. Reconnaissants, tous se portent volontaires pour d'autres moments de partage en me promettant de se rendre encore plus disponibles.

Lorsque j'entre en contact avec eux, les premiers échanges dépendent de leur tempérament. Certains sont précautionneux et me demandent qui je suis, tandis que d'autres entament la conversation sans autre formalité. Noor est celle qui explique le mieux l'étonnement des premières secondes et sa disponibilité pour d'autres partages :

> **« Je ne m'attendais pas à ta visite qui m'a beaucoup surprise. Maintenant que je sais qui tu es, tu peux revenir me voir. Je répondrai plus facilement à tes questions. »**

Enfin, outre la joie de s'exprimer et d'être entendus, tous sont touchés par cette sollicitude inhabituelle. Et, qu'ils soient chats domestiques comme Pencil, ou chats semi-domestiques à l'instar de Kikiane, ils se sentent rassurés quant à l'attention que leur portent leurs adoptants ou leurs soignants :

> **« J'apprécie que H. ait fait ce geste. Cela me rassure sur le fait qu'elle m'aime. Reviens me voir quand tu veux ![1] »**

> **« Je suis touchée par ton écoute. Apprendre qu'on s'intéresse à ce que je veux me fait considérer les humains sous un autre angle. »**

1. Pour mémoire, H. représente l'homme, et plus précisément l'adoptant du chat.

Mon écoute, jalonnée de questionnements, amène étonnamment quelques-uns à une réflexion sur eux-mêmes. Byzance, qui portait sur sa vie un regard personnel, a conclu nos entretiens par un:

> **« Je te remercie de ces temps d'écoute qui m'ont fait penser autrement. »**

Byzance a ainsi exploité nos moments d'échanges pour débuter une introspection.

La remarque de Byzance m'amène à penser qu'elle était consciente du contenu de nos conversations. Sa phrase signifie qu'elle a mis à profit mes questions pour envisager la situation sous un autre angle. Kikiane aussi, du simple fait de l'intérêt qu'on lui a porté, révise son jugement sur ces humains qu'elle connaît bien peu. Ainsi, non seulement les animaux tirent une certaine satisfaction de l'échange, mais certains, de surcroît, l'exploitent intérieurement pour réexaminer leur situation. J'en conclus qu'ils savent parfaitement, d'une part, qu'ils sont écoutés et, d'autre part, qu'ils savent qu'ils communiquent. Ils sont clairement conscients de notre échange.

LES CHATS SAVENT QU'ILS COMMUNIQUENT

En début d'entretien, je signale systématiquement aux chats que je vais transmettre leurs dires à leur compagnon humain. Ils acquiescent, sans hésiter, à cette idée et en sont même impatients. Merlinou et Eol sont les représentants d'une volonté amplement partagée.

Merlinou:

> **« Je suis pressé que tu racontes tout ça à H. Dis-lui vite. Je te remercie. »**

Eol :

> **« Je suis heureuse que tu racontes tout ça à H. »**

Exceptionnellement, Mimie s'est opposée à la transmission intégrale de ses confidences. Alors que j'étais en échanges réguliers avec elle lors de sa fugue[1], elle a voulu garder secrets certains détails :

> **« Ne le dis pas à H. Je t'ai expliqué les phases par lesquelles j'étais passée. Cela m'appartient. »**

L'impatience générale avec laquelle les chats demandent que le message soit porté, intégralement ou partiellement, à la connaissance de leur compagnon humain prouve au moins deux choses :

Certes, ils sont heureux d'avoir été écoutés, mais leur satisfaction n'est totale que s'il y a transmission du message.

Le second point est qu'ils ont parfaitement conscience de leurs propos. Pouvoir décider, d'eux-mêmes et pour des raisons bien définies, lesquels de ces propos sont dicibles et lesquels sont confidentiels signifie qu'ils leur accordent des valeurs différentes. Ils savent donc les évaluer. Chacune de leurs paroles est signifiante.

1. Voir le chapitre « Les motivations au départ », page 209.

Les chats savent également faire le lien entre les mots et les images. Ils savent décrire ce qu'ils voient. Quand je les interroge sur leur environnement immédiat, ils le décrivent avec précision[1], sans se tromper sur les mots[2]. Ils peuvent également fournir des images associées.

Ayant ainsi conscience du contenu prononcé, du contenu entendu et du contenu qui sera transmis, ils savent que je sais et ils savent que leur adoptant apprendra ce que je sais. Ils font preuve d'une évidente prise de perspective, ou, autrement dit, de *métacognition*. Avant les travaux de David Premack, psychologue en primatologie, les scientifiques doutaient des capacités métacognitives chez les animaux. Depuis, Joseph Call et Michael Tomasello ont prouvé l'existence de cette aptitude chez les chiens, les dauphins, les phoques, les corbeaux ou les éléphants. Pour ma part, mon expérience de communicante animalière m'amène à affirmer que c'est également le cas chez les chevaux, les chats et les tortues. Comme nous le verrons quelques lignes plus bas, les chats écoutés saisissent parfaitement mon intention et mes objectifs. Ils savent qu'en me répondant, ils en tireront profit. Ce qui est une autre caractéristique de la métacognition.

Vinciane Despret[3] répertorie de nombreux exemples de mensonges et de duperies relevés par les scientifiques, notamment dans un but de sécurité physique ou alimentaire. J'ai été témoin d'un chat qui a volontairement trompé l'ennemi. Apercevant non loin un chien de chasse qui se lançait à ses trousses, il a visé un obstacle le protégeant de la vue du prédateur et s'y est dirigé à faible allure. Arrivé au niveau de l'obstacle, il est passé à la vitesse - très - supérieure pour filer à l'abri. Le chien, dupé, s'est arrêté désorienté au niveau de l'obstacle.

1. Voir le chapitre « Retrouver son chat "disparu" », page 223.
2. Voir le chapitre « L'expression », page 49.
3. Vinciane Despret, *op. cit.*

Les chats pourraient donc me mentir. Je m'interroge sur cette probable éventualité. Toutefois, on ne ment que si l'on a quelque chose à cacher. Mon intention d'écoute est empathique. Elle ne relève ni d'une curiosité personnelle, ni d'une intention de prouver quelque chose, et encore moins d'une intention de duper l'animal (ou l'adoptant). L'animal perçoit ma stricte intention de le servir et exprime donc avec authenticité ce qui lui importe. Si j'ai pu interpréter de travers leurs paroles, je ne pense pas avoir été victime de duperies ou de mensonges.

L'ÉCOUTE EMPATHIQUE PERMET D'APAISER LA SITUATION

Comme nous l'avons vu, l'écoute est un moment de grande satisfaction. Pour manifester leur gratitude d'avoir été écoutés, les chats donnent à leurs adoptants des signes visibles d'évolution. Dans la grande majorité des cas, les adoptants constatent un changement immédiat de comportement et une amélioration, voire même la résolution du problème[1]. Parfois, ce changement est perceptible sitôt la commande passée, avant même la communication. Le chat saisit l'intention de son compagnon humain, car le simple geste d'une promesse d'écoute est d'une grande valeur pour l'animal. À ses yeux, ce n'est rien de moins qu'une preuve de prise en compte, de sollicitude et d'affection. Mais la transformation du comportement et la résolution de la situation ne deviennent pérennes que si l'adoptant entend le besoin exprimé et le satisfait sur le long terme. On ne convainc pas un animal : il se convainc et choisit seul de modifier son comportement, ou pas. En effet, dans de rares cas, des chats maintiennent leur attitude après l'écoute. Peut-être ne savent-ils pas faire autrement ? Il nous faut accepter qu'ils choisissent leurs actions et qu'une écoute ne peut pas tout résoudre.

1. Lire les témoignages des adoptants sur : http://ecoute.soins.free.fr/livre_dor2/livre_lire.php.

L'évolution comportementale est l'un des éléments clefs démontrant que les animaux savent que leur message est passé.

Pour exemple, Néo cessa de mordre, Hélios cessa d'uriner partout, Kawaï de générer des maladies de peau, Merlinou de lacérer les tapisseries, Princesse de griffer, etc.

Maïa-Râ résume à lui seul et en quelques phrases tout ce qui vient d'être évoqué, à savoir le bien-être que lui procurent l'écoute et sa régularité, la satisfaction d'être entendu et le bienfait global de ces échanges :

> **« Enfin ! Voilà si longtemps que tu n'es pas venue m'écouter. Je suis content que tu reviennes. Cela me fait tellement de bien ! Le plus important pour moi, c'est d'être entendu. Le fait de te parler me permet de dire ce que je sens et vis. C'est très agréable. Je t'en remercie. Savoir que H. est prête à m'entendre me fait du bien. J'ai l'impression d'exister un peu plus. »**

Les premiers mots de Maïa-Râ me sont destinés. Il se plaint d'une écoute pas assez fréquente à son goût. En un reproche, « Voilà si longtemps que tu n'es pas venue m'écouter », et en une phrase de contentement, « Je suis content que tu reviennes », il répond en partie à la question suivante.

LES CHATS SAVENT-ILS QUI LES ÉCOUTE ?

Étant donné qu'ils ont conscience d'être écoutés, conscience de leurs paroles et de la transmission de leur message, il est légitime de s'interroger sur leur capacité à reconnaître la personne qui les écoute à distance. Ont-ils conscience de la personnalité subtile de leur interlocuteur ?

En premier élément de réponse, ainsi que le dit ci-contre Maïa-Râ, ils me reconnaissent d'une communication à l'autre. Les éventuelles méfiances manifestées lors du premier échange disparaissent lors des communications suivantes. Cela est surtout vrai lorsque l'intervalle est court. Lorsque plus d'une année s'écoule entre deux échanges, les salutations varient selon la mémoire de l'animal. Certains acceptent mon contact immédiatement alors que, pour d'autres, il m'est nécessaire de me présenter à nouveau.

Les chats sont ainsi capables de garder en mémoire et de reconnaître les caractéristiques de ma présence subtile.

Enfin, savent-ils également associer ma personnalité subtile à ma personnalité matérielle, de chair et d'os ? En clair, me reconnaissent-ils lorsqu'ils me voient physiquement après avoir été écoutés à distance ?

Voici trois anecdotes montrant la capacité des chats à associer les caractéristiques de ma personnalité perçues à distance à celles ressenties en ma présence physique.

Mao sera le premier exemple. Mao est un chat de mon voisinage. Je l'écoutai une première fois à distance en dépit de nos rencontres quotidiennes dans mon jardin. Trois mois après, il vint me voir d'une manière spécifique et différente de ses visites habituelles. Ce jour-là, son attitude ne laissait planer aucun doute sur sa volonté d'être entendu. Occupée par ailleurs, je procrastinai. Quatre jours durant, il revint, insistant, jusqu'à ce que je m'exécute. Il me dit alors :

> **« Ah, te voilà enfin ! Tout allait bien, et maintenant, fini. Ça recommence comme avant. Dis-lui, s'il te plaît, que j'ai besoin que H. s'occupe de moi et qu'il cesse de prendre toute la place ! »**

De toute évidence, Mao était impatient de parler et de faire transmettre son message. Bien sûr, je n'avais pas pris le temps de lui expliquer de vive voix que c'était moi qui l'avais écouté ni ne lui avais dit me tenir à sa disposition. En outre, Mao n'est pas le chat le plus débrouillard que je connaisse. Pourtant, il a parfaitement fait le lien entre ma conscience subtile et ma personnalité physique.

Je prendrai comme deuxième exemple le chat de ma masseuse. Je lui avais déjà prêté l'oreille une fois à distance, et voici comment lors de l'un mes passages. Il réclama une seconde écoute. Il gratta à la porte de la salle de massage, chose qu'il ne faisait jamais et, parce qu'on l'avait laissé entrer, il urina allégrement, queue en l'air, et s'en repartit sur son canapé sans réclamer le moins du monde à gagner l'extérieur. Inutile de préciser qu'il ne s'était jamais comporté ainsi auparavant avec quiconque. Cette fois-ci, je m'attelai rapidement à la tâche, et voici ce qu'il me dit :

> **« D'abord, j'ai eu un gros coup de blues parce que tu ne m'as pas fait de câlins à ton arrivée. Et aussi, parce que je voulais dire que je me fais vieux… »**

N'ayant pas reçu mes salutations à mon arrivée, le matou venait s'en plaindre ! Il avait aussi bien sûr un message à faire passer. À lui non plus, nous n'avions pas expliqué que j'étais l'intermédiaire indispensable à la transmission de ses pensées. Il l'avait compris tout seul.

La troisième anecdote semble corroborer la thèse démontrée par de nombreux éthologues selon laquelle les animaux savent transmettre de nouvelles informations à leurs congénères. Car, de mon côté, j'eus la surprise de constater que l'information de mon activité avait été transmise entre colocataires. Un jour, la colocataire de Mao – que je n'avais jamais écoutée – força l'étroite chatière de mon domicile pour signaler son besoin d'être entendue. Je l'écoutai donc. Et effectivement, les points signalés étaient cruciaux. Ce fut la première et la dernière fois qu'elle força la chatière.

Le fait que les rares chats bénéficiant de l'avantage d'accéder physiquement à moi n'hésitent pas à se faire remarquer pour être entendus une fois de plus m'apparaît comme un signe évident que les chats ont conscience de l'identité de leur interlocuteur humain. Ils auraient donc la capacité de le reconnaître tant à distance qu'en sa présence.

L'ÉCOUTE DES CHATS EN FIN DE VIE

Un dernier point à aborder dans ce chapitre est l'écoute des chats en fin de vie. Cette écoute leur permet d'exposer ce qui est juste pour eux avant de mourir, en paix[1]. Kobé, en toute fin de vie, me confia à la fin de la communication :

> **« Je suis tellement heureuse d'avoir pu te parler. Je me sens tellement légère maintenant, comme libérée d'un poids trop lourd. Je suis heureuse, je suis heureuse. »**

L'écoute peut également s'avérer essentielle pour des chats qui viennent de mourir brutalement. Pour certains, l'âme ne parvient pas à se détacher du corps. Écouter cette âme lui permet de se libérer des souffrances endurées et de rejoindre son groupe céleste.

Ainsi, la plupart des félins, heureux d'avoir été entendus, réagissent-ils temporairement ou définitivement par une modification de leur comportement. Ils attendent néanmoins qu'il y ait une évolution chez leur adoptant, sans laquelle ils se manifesteront à nouveau. Plusieurs communications peuvent s'avérer nécessaires si l'attente d'échanges ou le stress sont importants. Enfin, ils sont favorables à des échanges réguliers, tel Maïa-Râ qui réclamait son écoute mensuelle.

---

1. Voir le chapitre « La mort », page 237.

Communiquer avec les animaux est l'objectif affiché de l'éthologie contemporaine. Boris Cyrulnik[1] nous dit que l'éthologie contemporaine «*est à l'écoute de ce à quoi pensent les animaux ou plus exactement ce qu'ils ont à se dire et à nous dire*». De plus en plus de personnes, scientifiques ou non, s'intéressent à ce que les animaux ont à dire. Mais quel

1. Boris Cyrulnik, Élisabeth de Fontenay et Peter Singer, *op. cit.*, p. 190.

est le véritable objet de ces intentions ? Cette communication doit-elle servir l'homme ou l'animal ? Que l'on ne s'y trompe pas, communiquer avec un animal ne doit pas être un outil de plus pour l'asservir. Bien au contraire, la communication doit d'abord être mise à son service. C'est à cette condition, et seulement à cette condition, que l'animal en tirera le meilleur profit, que nous le comprendrons mieux et qu'il nous sera ainsi plus facile de trouver une zone de bien-être et d'enrichissement mutuel.

Les chats apprécient certes ce moment qui leur donne aussi l'occasion de prouver leurs capacités cognitives et communicatives, mais ils n'en perdent pas pour autant le sens de « leur » réalité. Ulysse tient à nous le rappeler :

> **« Je te remercie d'être venue m'écouter, mais maintenant, j'ai envie de me rendormir. »**

L'expression

« Les animaux communiquent fort efficacement, de façons multiples, sophistiquées et fiables. »

Peter Mac Gregor

Le langage des animaux fut dénié pendant des siècles, puis fit l'objet d'épineux débats. Notre langage humain, composé de sémantiques complexes variables selon les régions du monde, était posé en référence par les scientifiques qui, jusque dans les années 2000, ont réfuté l'existence d'une communication intraspécifique – un langage propre à une espèce.

Puis, progressivement, études à l'appui, les chercheurs ont démontré l'existence d'un tel langage. En 2006, Fisher et Marcus ont affirmé : *« La vision d'une espèce humaine seule capable de maîtriser des activités linguistiques paraît difficilement tenable. Les différences génétiques susceptibles de singulariser un langage purement humain font tout simplement défaut*[1]. »

Les biologistes possèdent en effet, depuis les années 2000, les moyens nécessaires à l'étude des sons émis par les animaux, et détectent un véritable langage intraspécifique. La biologiste Lyz Hawkins considère le langage des dauphins comme hautement complexe et contextuel.

1. Simon Fisher et Gary Marcus, « *The eloquent ape: genes, brains and the evolution of language* », *Nature Reviews Genetics*, janvier 2006. Voir le site : http://www.imaginggenetics.org/PDFs/2006_Fisher_NatRevGenet_languagegenes.pdf.

Le scientifique Jim Darling[1] a déterminé que le chant des baleines est reproduit et modifié d'année en année tel un chant à la mode. Ce chant est la clef de voûte du comportement de l'espèce. Tout comme les baleines, la plupart des animaux grégaires, qui ont une conscience sociale élevée, possèdent leur propre langage intracommunautaire. Michel André, célèbre biologiste marin, a découvert que la communication des cétacés passe par le rythme. Chacun des individus possède sa propre signature acoustique. Pour converser, il l'accorde au rythme donné par le cétacé dominant du groupe social. Cela donne un ensemble évoquant les polyphonies. Michel André se plaît à envisager de parvenir à créer, par le biais du rythme, un dialogue entre l'animal et l'homme.

LA COMMUNICATION INTERESPÈCES ET, EN L'OCCURRENCE, ENTRE L'HOMME ET LES ANIMAUX DOMESTIQUÉS

Quelques humains ont réussi à enseigner leur langue à des perroquets, car ce sont les seuls animaux à posséder un larynx adapté à la prononciation du langage humain[2]. En outre, l'étude menée avec le border collie Rico a démontré – ce que tous les propriétaires de chiens savent déjà – la réelle capacité des chiens à comprendre le langage humain.

Aucune étude n'a été menée avec les chats, sans doute parce que nous ne les considérons pas encore assez en lien avec les hommes. Pour donner un exemple personnel, Néo, mon premier chat, suscitait l'étonnement et l'admiration de nos visiteurs pour sa capacité à comprendre le sens de nos paroles et à adopter l'attitude que nous lui conseillions.

1. Voir le site : http://www.whaletrust.org.
2. YouTube et Dailymotion regorgent de vidéos amateurs sur le sujet. Découvrir l'expérience d'Irene Pepperberg avec feu, mais non moins célèbre, Alex.

Cette compréhension n'avait rien d'exceptionnel : elle était quotidienne. Nous gardons en mémoire mille exemples démontrant qu'il avait compris nos demandes ou nos explications.

Les chevaux seraient dotés de la même capacité de compréhension. Une étude menée avec le désormais célèbre cheval « Hans le malin »[1] a mis en relief sa capacité à décoder le non-verbal de l'homme, mais également à « entrer en télépathie » avec lui.

Nous y voici. Grâce à leurs capacités de télépathie et de décodage de notre non-verbal, les animaux comprendraient non pas nos paroles, mais nos intentions. Rupert Sheldrake[2] a démontré qu'un chien devine à distance quand son propriétaire se décide à rentrer chez lui. Nombre de chats se comportent de même en s'installant devant la porte du domicile peu de temps avant le retour de leur adoptant. Autre exemple, lorsque je pensais à Néo, sans évidemment savoir où il gambadait, je le voyais arriver dans les cinq minutes.

Selon le dictionnaire Larousse, la télépathie consiste en la « transmission de pensées ou d'impressions d'une personne à une autre en dehors de toute communication par les voies sensorielles connues[3] ». Les animaux se brancheraient sur le canal de notre conscience pour comprendre le sens de nos paroles et de nos pensées. Et c'est ainsi qu'ils nous comprendraient, que nous nous adressions à eux ou pensions simplement à eux.

---

1. L'histoire de Hans est reprise par de nombreux éthologues, dont Vinciane Despret. Pour la référence Web : http://fr.wikipedia.org/wiki/Hans_le_malin, entre autres.
2. Voir le site : http://www.sheldrake.org.
3. Définition du Larousse, 2014.

COMMUNIQUER PAR LES MOTS

Tout autant que nos animaux de compagnie se branchent sur notre canal pour rester en contact avec nous, je me branche sur le canal de leur conscience pour les écouter. C'est ce que l'on appelle la clairaudience. Si l'existence de la conscience chez l'animal fait encore débat parmi la classe scientifique, je considère qu'un animal, qui sait communiquer et gérer sa vie en fonction d'un autre de la même espèce ou d'une espèce différente, est nécessairement doté d'une conscience.

J'écoute donc la conscience des animaux. Pour des questions de facilité personnelle, je traduis dans ma langue maternelle les fréquences qu'ils émettent et visualise les images qu'ils génèrent. Toutefois, je pourrais percevoir *via* une autre forme sensorielle, olfactive ou kinesthésique par exemple, et traduire leurs émissions dans une autre langue.

La grande majorité des animaux vivants auxquels je me suis adressée m'ont répondu. Toutefois, ils répondent différemment d'une espèce à l'autre, et d'un individu à l'autre.

Chez les chats, les différences sont remarquables selon l'âge, l'intelligence linguistique, le niveau de conscience et le tempérament. Le niveau d'expression et de précision varie selon ces multiples facteurs. Tout d'abord, les précisions sont nuancées selon l'âge.

Les chatons répondent partiellement, de façon décousue, et composent des phrases courtes. Ils passent facilement d'un sujet à l'autre, comme le font les jeunes enfants. En outre, ils ne peuvent évoquer que les éléments dont ils sont familiers. Si le chaton est exclusivement élevé en intérieur, il pourra décrire son environnement intérieur. S'il possède l'expérience de l'extérieur, il parlera des éléments de la nature – végétaux, minéraux, etc. –, mais pas des éléments non naturels, sauf s'il y a déjà été confronté. Par exemple, il ne sait pas ce qu'est une voiture. Il sait néanmoins qu'elle fait du bruit, passe vite et provoque une résonance. À nous de deviner qu'il s'agit d'une voiture.

Généralement, les chats adultes construisent leur expression avec un langage simple et des phrases directes. Lorsqu'ils sont attachés à une idée ou à un besoin, ils peuvent répéter plusieurs fois le ou les mêmes mots. Plus rares sont ceux qui utilisent des constructions de phrases complexes. Ils démontrent par là même une forte capacité réflexive.

Le tempérament est également un marqueur important. Maïa-Râ, cité à de nombreuses reprises dans ce livre, était un chat particulièrement loquace. Il me morigénait si je laissais s'écouler plus d'un mois entre deux communications, et sa volubilité avait pour alliée une précision sémantique exceptionnelle. À l'opposé, j'ai eu des conversations discontinues avec des chats taiseux ou timides.

Un point est toutefois commun à chacun: l'attention portée au sens global de la phrase et à l'utilisation de certains termes. Ils n'hésitent pas à donner des précisions terminologiques pour décrire pleinement ce qu'ils vivent.

Voici quelques exemples de mises au point linguistiques, émanant de différents chats, alors que je proposais un terme pour cerner leur ressenti:

> **« Le mot “important” que tu utilises n'a pas de sens pour moi. La nature est inhérente et fait partie intégrante de ma vie. C'est une façon de vivre. Ce n'est pas “important”, “c'est”. »**

> **« Ce n'est pas une question de “manque”. C'est une question de bien-être, de cadre de vie cohérent avec mes besoins naturels. »**

> **« Se contenter de ce jardinet consiste à “être dehors”, ce n'est pas “vivre dehors”. »**

« “Énervé” ? Non. Le terme le plus approprié est “exaspéré”. »

« Le “jeu” ne me manque pas, la “réconciliation” me manque. Pour moi, la réconciliation signifie : dire que j’ai fait une erreur, je m’excuse et je ne le referai plus. Chacune de nous doit le signifier. Par les mots ou par le jeu ? Par les deux en fait. Les mots sont une chose. Le jeu ancre l’intention exprimée par les mots. J’ai besoin de jouer pour finir d’éliminer (le stress et la colère) et acter la réconciliation. »

« C’est important pour moi d’accompagner un chaton dans sa croissance jusqu’à son terme. Ça me rendait pleine. “Épanouie” est ton langage. “Pleine” est le mot juste. “Épanouie” ne comprend pas la notion de plénitude. »

Ainsi, les félins ne se trompent pas sur les mots et ont conscience des paroles qu’ils prononcent et des paroles entendues. Lorsqu’ils ne connaissent pas un mot, ils peuvent envoyer une description visuelle ou kinesthésique.

COMMUNIQUER PAR DES IMAGES

Les animaux savent décrire ce qu’ils voient. Quand je les interroge sur leur environnement immédiat, ils le décrivent avec précision[1]. La réception de ces images s’appelle la clairvoyance. Je reçois des images de tout ce qui fait sens pour l’animal, que cela soit des éléments naturels ou industriels. On pourrait croire que recevoir une image est facilement interprétable pour nous les hommes. Ce n’est guère le cas, car d’une part, je reçois la vision du chat qui voit depuis sa propre hauteur. Et

1. Voir le chapitre « Retrouver son chat “disparu” », page 223.

d'autre part, les images sont parfois tellement contextuelles qu'on peut tout imaginer. Un jour, une chatte s'est montrée dans sa cachette dont les parois étaient solides, froides, grises et dures. Les parois étaient resserrées autour d'elle. J'envisageais donc qu'elle était entourée de béton, sans doute le bas d'un escalier ou dans une cave ou un parking. En réalité, elle s'était retirée dans une bouche d'aération.

Il est un fait que les animaux n'ont pas le même langage que le nôtre. Est-ce à dire que leurs capacités à s'exprimer sont moindres ? Que nous, humains, soyons dans l'incapacité de décrypter leur langage dans toutes ses subtilités signifie-t-il qu'ils n'en ont pas ? Les travaux menés en laboratoire sur les grands singes ont révélé qu'ils possèdent la cognition nécessaire aux capacités linguistiques. Et s'il était possible d'observer le cerveau de tous les animaux, on y découvrirait certainement une zone d'activation propre au langage.

Quoi qu'il en soit, les animaux ont une supériorité sur nous : ils savent tous communiquer de conscience à conscience en utilisant le mode de communication que leur interlocuteur saura comprendre.

La place au sein du foyer

« C'est alors qu'il chante l'hymne du chat qui retrouve l'homme. Ce n'était pas un ronronnement, pas davantage un miaulement, mais un gémissement de joie, étrange, aigu, que je n'ai jamais entendu d'aucun chat, qu'il continua jusqu'à l'aube et qu'il ne recommença jamais. »

Léon Werth

Étonnamment, la réputation d'animal indépendant, uniquement attaché à son territoire, colle encore aux pattes du chat. Cette croyance est entretenue, par certains livres « spécialisés », par des commentateurs et même par quelques adoptants.

Heureusement, pour avoir partagé de longues années avec eux, la plupart des amis de ces félins ne cessent de démontrer l'aberration de cette réputation. Sur les blogs, dans les commentaires, dans les reportages et les vidéos, ils donnent en exemple celui qui répond immédiatement à l'appel de son nom, celui qui les suit partout, celui qui parcourt des centaines de kilomètres pour rejoindre ses compagnons, celui qui rentre à la maison alors que son compagnon a simplement pensé à lui, celui qui fait fuir un chien attaquant l'enfant de la famille[1], celui qui se place systématiquement dans le sac de voyage en préparation ou celui qui se manifeste dès qu'il perçoit une velléité de partir en week-end sans

1. Vidéo à voir sur https://www.youtube.com/watch?v=9AKgjOtzF6k.

lui. Les exemples sont si nombreux qu'il ne peut s'agir d'exceptions. Étrangement, on surnomme « chats-chiens » les chats dépendants de leur adoptant. Pourquoi ? Un chat ne saurait-il être très proche de son compagnon humain et être simplement un « chat » aimant ?

Les chats que j'ai écoutés ont exprimé leur profond attachement à leurs compagnons actuels et à leur foyer, même s'ils vivent des insatisfactions. Si elles peuvent être à l'origine de comportements désagréables ou de fugues[1], neuf chats sur dix ne demandent pas pour autant à quitter leur foyer. Ils espèrent seulement être entendus et exaucés.

Les principales contrariétés des chats étant récurrentes, je vous livre ci-après quelques témoignages qui pourront vous donner des pistes pour améliorer le quotidien de votre compagnon.

UNE VÉRITABLE PLACE ET UNE ATTENTION ACTIVE

Les premières causes de mécontentement sont liées à la place que leur accorde l'adoptant au sein du foyer et à l'attention qui leur est portée. Les absences de l'adoptant et leur corollaire, le manque relationnel, composent les principaux griefs.

Ces plaintes émanent, pour une part, des chats uniques vivant en intérieur. Bart, entre autres difficultés, se sentait seul dans son appartement, mais n'avait, à l'heure de cette première écoute, aucune intention d'en partir :

> **« Oh, je n'en peux plus. J'en ai marre et je m'ennuie. Je ne suis pas un objet. H. ne s'intéresse plus à moi. [...] Je suis bien dans mon appartement et sur mes coussins. J'y suis habitué. »**

1. Voir le chapitre « Les motivations au départ », page 209.

De même, avant que Maïa-Râ n'ait librement accès à l'extérieur, il s'ennuyait ferme. Seule la présence de son adoptante lui offrait une distraction. D'ailleurs, il était en attente de sa conversation :

> **« Je m'ennuie dans la journée et H. est une vraie distraction le soir. Je suis habitué au fait qu'elle ne parle pas beaucoup, mais je préfère quand elle me parle. Je vis avec elle tout de même ! »**

En affirmant « Je vis avec elle tout de même ! », Maïa-Râ se considère comme un membre du foyer à part entière et il attend que la réciproque soit vraie.

L'amour du compagnon humain ne suffit pas à rendre un chat heureux. Ce lien d'attachement doit se traduire par une présence passive et active. La présence active équivaut à s'occuper concrètement de son chat (peignage, paroles, jeux, caresses, etc.). La présence passive correspond à être simplement chez soi. Car une présence rassure l'animal. Pencil détaille ainsi ses attentes :

> **« Je sais que H. m'aime, mais je ne m'en satisfais pas. J'aimerais qu'on fasse des choses toutes les deux. J'aime quand elle me parle, quand elle me raconte ses histoires, me câline. Et je m'ennuie tellement quand elle n'est pas là. »**

Pencil rappelle qu'elle ne fait pas partie du foyer pour le décorum, mais qu'elle est bien là pour son adoptante en ajoutant :

> **« Je suis sa chatte, je suis là pour elle. »**

Ce foyer est ainsi le sien au point de le vouloir exclusif :

> **« Ici, c'est mon chez-moi. C'est mon royaume. Que personne ne vienne m'y ennuyer. »**

Certes, Pencil a des exigences affectives difficilement gérables par les hommes. A-t-elle été trop anthropisée? Sa solitude en appartement est peut-être à l'origine de sa dépendance affective, mais ce n'est certainement pas la seule cause. Car des chattes d'extérieur expriment des attentes similaires. Naïs, qui vit essentiellement en extérieur du printemps à l'automne, n'aime ni nos absences journalières ni la visite d'amis. De même, Eol a toujours eu accès à l'extérieur, mais quand elle était jeune, elle s'ennuyait de son compagnon humain:

> **« Je me sens un peu seule quand H. n'est pas présent. Je me suis beaucoup attachée à lui. J'aime bien son énergie. Elle est douce. »**

Puis, Eol a pris l'habitude d'agir comme son compagnon, en vivant sa petite vie à elle.

Finalement, la palme de la clarté revient à Sheshepop, chat colocataire:

> **« Nous vivons dans le même logement, même si H. est humain et nous félins. Il ne s'agit pas uniquement de partager un même lieu, mais également des intentions et de la tendresse. »**

La requête de présence et d'attentions est ainsi un point commun à tous les chats que j'ai écoutés, quel que soit le nombre de personnes vivant au sein du foyer et quelle que soit l'accessibilité à l'extérieur. Les chats s'agacent fortement si ces besoins sont insatisfaits. Pourtant, ils préfèrent demeurer au sein de leur foyer dans l'espoir que la situation évolue.

FAIRE ÉVOLUER LA SITUATION PLUTÔT QUE CHANGER DE FAMILLE

À quelques reprises, j'ai été amenée à proposer à certains chats de changer de famille d'accueil afin que leurs attentes soient exaucées – possibilité de jardin, adoptant plus jeune, etc. Presque tous ont refusé. Ils ont préféré rester auprès de leur compagnon actuel dans l'espoir que ce dernier fera évoluer leur environnement, ou en prétextant l'accoutumance.

C'est le cas de Marcel qui supplie :

> **« J'ai envie d'entendre que je suis un chat unique et spécial, que ma présence est indispensable. [...] Quoi qu'il en soit, je suis trop vieux pour changer de famille. »**

Quant à Charlie, il ne sait plus s'il est content de vivre dans son foyer tant il se sent mis à l'écart après avoir vécu des changements récurrents :

> **« Ces changements me perturbent. Je me sens mis de côté. J'ai besoin d'être rassuré sur ma place dans le foyer. Jusqu'où vont-ils changer ? Moi, je suis trop vieux pour changer de famille. »**

Exceptionnellement, Byzance prend son affaire à cœur et devient force de proposition ! Elle propose de changer la donne entre elle et son adoptante pour redonner vie à leur relation :

> **« J'aimerais qu'à son tour H. me dise qu'elle est prête à jouer, à vivre et à voir la vie du bon côté. Qu'à son tour, elle me fasse jouer pour qu'un vrai échange s'instaure entre nous, et que chacune apporte à l'autre quelque chose de positif. Un échange heureux. C'est important pour moi. »**

Il existe aussi certains chats, plus rares, qui, comme Ulysse… préfèrent vivre leur vie de leur côté :

> **« Je me demande toujours ce que H. me veut. Je ne suis en attente de rien de particulier de sa part et je ne lui demande rien. Je mène ma petite vie tranquille, mais quand elle arrive, elle veut s'occuper de moi tout d'un coup. Je n'ai rien demandé. Je n'ai rien contre sa présence, mais je préfère qu'elle se consacre à ses occupations de son côté. Et moi, je mène ma vie de mon côté. »**

S'il affirme préférer vivre sans trop d'interactions, Ulysse ne dit pourtant pas qu'il n'est pas attaché à son adoptante.

À la lecture de ces propos, on peut être certain de l'existence d'un fort lien d'attachement unissant le chat à son compagnon humain. Ce lien est parfois si fort qu'à l'occasion d'une séparation non choisie – décès ou impotence du compagnon –, le chat peut mal vivre son intégration dans une nouvelle famille d'accueil[1].

À quoi tient donc cette croyance qu'ils préfèrent leur indépendance à nous, leur compagnon quotidien ? Ce félin a résisté à l'emprise de l'homme et sait – encore – vivre seul dans la nature. Lui en voudrions-nous inconsciemment de ne pas s'être soumis à notre pouvoir ?

1. Voir les chapitres « Le changement de foyer », page 205, et « Les motivations au départ », page 209.

Être prévenus

« Si votre compassion n'inclut pas tous les êtres vivants alors il vous sera impossible de trouver la paix en vous-même. »

Albert Schweitzer

Nos chats font désormais partie de nos familles. Nous les nourrissons, les choyons, leur parlons, partageons les bons moments comme les difficiles, créons des liens indéfectibles et sommes profondément tristes de leur départ. Alors, pourquoi conservons-nous à leur égard un comportement unilatéral basé sur le credo « Nous décidons, ils obéissent » ?

Notre mode d'adoption actuel nous amène à décider de presque tout pour eux : l'habitat, le type d'alimentation, les soins, la capacité de procréer, le degré d'affection, l'accès à l'extérieur jusqu'à même, parfois, l'emplacement de leur couche. Alors qu'eux, ils attendent notre retour en fin de journée ou après des semaines solitaires, ils supportent nos jeux trop insistants, nos caresses parfois indésirables, nos absences, et se laissent manipuler chez le vétérinaire. Tout cela, majoritairement, avec une grande docilité.

Pourtant, on s'étonne de retrouver parfois notre chatounet préféré l'air bougon ou défrichant la tapisserie. Ou bien entre-t-il en guerre contre nous, lacérant nos jambes qu'il aimait tant, ou nous fuyant franchement. Que s'est-il donc passé ?

PRÉVENIR : DONNER LE TEMPS DE S'ADAPTER ET DE SE RASSURER

Chez le chat, tout changement est perturbant. Car qui dit changements dit perte partielle de sécurité. Face à l'incertitude ou face à une situation nouvelle, l'animal ressent différentes émotions qui peuvent générer du stress. À l'inverse, lorsqu'il est averti des événements à venir, il sait à quoi s'attendre et peut gérer en conséquence ses émotions et éviter le stress.

Naïs, avertie d'un départ en vacances, avait opté pour un séjour dans une famille avec jardin. Elle ne s'est pas contentée de ce simple choix et a voulu connaître à l'avance les conditions d'accueil :

> **« Tu me dis depuis plusieurs semaines que je vais partir en colonie de vacances. J'ai bien compris que j'irai chez d'autres personnes et qu'il y aura un jardin. J'ai néanmoins besoin que tu m'en dises plus. Comment est ce jardin ? Y a-t-il d'autres animaux ? À l'intérieur, aurai-je mon petit coin à moi ? Les humains sont-ils gentils ? »**

Elle cherchait à cerner son prochain environnement pour s'y sécuriser rapidement.

Lorsque leur adoption est récente, les chatons ont besoin de se rassurer et de trouver la sécurité au sein de leur nouvel habitat. En l'absence de leurs adoptants, certains peuvent s'inquiéter de leur retour. C'est ce qui est arrivé à Néo.

À notre retour d'une soirée improvisée, Néo se mit à jouer frénétiquement avec des balles à clochettes qu'il n'avait jamais utilisées auparavant et qu'il n'utilisa jamais ensuite. Il déclara :

« J'ai été si inquiet durant votre absence. Vous êtes partis soudainement sans rien me dire. Je croyais que vous ne reviendrez plus. Je veux que vous me préveniez de l'heure de votre retour. Ainsi, je ne craindrai pas vos départs. »

Promesse fut faite et tenue. Chaque jour, nous avons satisfait à sa demande, qu'il soit à portée de voix ou non. Loin d'avoir été considérés comme « surprotecteurs », notre application répétée fit des émules auprès de nos voisins qui ont constaté une amélioration de leurs relations avec leur animal.

Prévenir ne présente pas pour unique avantage de faciliter les relations. Il donne aussi à l'animal la sensation d'être pris en compte.

PRÉVENIR : UNE PREUVE DE PRISE EN COMPTE

En leur offrant notre adoption, nous imposons notre mode de vie à nos animaux domestiques. En retour, ils se considèrent comme étant intégrés à la famille et attendent de nous certains égards et l'assouvissement de leurs besoins sociaux[1]. Outre les besoins de partage et de connexion, le besoin d'être pris en compte est l'une de leurs revendications. Se sentir pris en compte signifie s'attendre à ce que nous prenions en considération les signes par lesquels ils nous révèlent leur appréciation d'un événement les concernant directement. Ils demandent que nous fassions cas d'eux dans nos prises de décision.

C'est ainsi qu'au détour d'un échange, Naïs nous a remerciés de la prévenir quotidiennement de nos projets et emplois du temps :

« J'apprécie grandement que tu me préviennes… »

1. Lire le chapitre « Les besoins », page 85.

Il en va de même lorsqu'il s'agit de vacances. Mystère, laissé sur son territoire pendant ces périodes estivales, se plaint de ne pas en connaître la durée :

> **« J'ai besoin d'être prévenu de la durée de leur absence. »**

Connaître la durée de sa longue solitude lui permettrait de moins en souffrir.

Prévenir est un acte applicable à toutes les situations, que leurs conséquences soient minimes ou irréversibles : le séjour d'amis ou d'un autre chat, les soins courants, la visite chez le vétérinaire, un déménagement, l'adoption d'un autre animal, la stérilisation, etc.

PRÉVENIR DES SOINS À VENIR

Prévenir devient essentiel lorsqu'il s'agit de soins. Sachant ce qui l'attend, le chat sera plus détendu. L'homme n'aura donc plus besoin de faire usage de la force, comme le contraindre en le tenant par la peau du cou. Car je n'ai jamais vu un chat adulte heureux d'être porté par la peau du cou ! Saisir par la peau du cou est adapté aux chatons, pas aux adultes. Par exemple, avant d'enlever une tique, nous prévenons Naïs de notre intention. Heureuse à l'idée d'être débarrassée de ce parasite, elle ne bouge plus jusqu'à nos paroles annonçant le succès de l'opération.

À l'inverse, Eol a développé un mini-traumatisme après que son adoptant adoré lui a mis, sans l'en prévenir, du produit antipuces qu'elle a léché. Elle a alors assimilé la main qu'elle aimait tant au « poison » :

> **« Il m'a mis ce produit dans le cou sans me prévenir. Et maintenant je n'ai qu'une crainte, c'est qu'il recommence. Comment puis-je désormais faire confiance à H. s'il me met des produits chimiques qui m'empoisonnent ? J'ai peur de sa main quand elle s'approche. Car je suis inquiète qu'il me remette du produit. J'en ai des frissons. »**

Grâce à mon écoute puis aux paroles attentives de son compagnon, Eol se laissa de nouveau caresser.

Prévenir est d'autant plus important lors de soins s'avérant irréversibles. Castré sans en avoir été averti, Maïa-Râ en conserva une grande amertume :

> **« J'ai vraiment eu très peur lorsque j'ai été emmené chez le vétérinaire. Car H. ne m'a pas prévenu alors que je pressentais quelque chose. Désormais, j'aimerais qu'elle me prévienne systématiquement des motivations de visite chez le vétérinaire. »**

Dans tous les cas, même pour une simple visite chez le vétérinaire, mieux vaut le prévenir en lui faisant comprendre qu'il est important de vérifier que tout aille bien pour lui. Alors, l'animal se comportera sagement.

Les témoignages ci-dessus nous démontrent l'importance qu'accordent les chats à nos intentions qui les impactent directement ou indirectement, et à propos desquelles ils devront s'adapter ou – pourquoi pas ? – manifester leur opposition. Le chat, bien plus que le chien, est exigeant sur ce point, car il est dépendant de son intérieur et de notre présence, facteurs de sa sécurité. Bien informé, il se préparera à ce qui va advenir. S'il est d'accord, il suivra. S'il ne l'est pas, il le signifiera à sa manière. En optant pour ce type de communication, vous éviterez ainsi de désagréables surprises.

PRÉVENIR : *mode d'emploi*

J'écoute régulièrement des chats qui sont irrités ou fugueurs parce qu'ils n'ont pas été prévenus d'un événement. Si vous ne deviez retenir qu'une seule chose de cet ouvrage, ce serait ceci : EXPLIQUER ET PRÉVENIR de vos déplacements, obligations, déménagements, nouveautés, visites et toute autre chose qui peut impacter le quotidien de votre chat. Voici comment vous y prendre :

Prévenir son chat d'une situation à venir est aussi simple que de prévenir l'un des membres de son foyer de son emploi du temps, de son organisation ou des événements futurs. Il suffit simplement de lui expliquer ce qui va se passer et cela ne nécessite que deux minutes. Plus l'événement génère des conséquences pour l'animal, plus il est utile de le détailler en décrivant la personne (qui vient dormir), le lieu (de déménagement, de vacances…), ou l'organisation dans le temps.

Connaître les points sensibles de son chat permet de prendre le temps de le prévenir pour les seuls événements qui lui importent. Certains sont sensibles à l'absence de leur adoptant, d'autres le sont plus aux visiteurs d'une heure ou d'une semaine. En ce qui concerne Néo, nous le prévenions systématiquement de tout – heure du retour, passage d'amis, départ en vacances, etc. –, et cela, même s'il captait l'essentiel des informations par la pensée.

C'est une simple habitude à prendre. Une fois que vous aurez intégrez le principe et en verrez les bénéfices, vous le ferez naturellement.

Que savent-ils de nous, leurs adoptants ?

« L'animal participe à l'évolution de l'esprit de l'homme, car il est son miroir. L'homme faisant face à l'animal doit se comprendre à travers lui. »

Dorje Phagmo

« Quand on cherche à connaître le cœur d'un humain, on s'attache à lui. »

Naïs

À les écouter, les félins ressentent pleinement l'énergie des humains et, tout particulièrement, celle de leur compagnon. S'ils acceptent les humains tels qu'ils sont, leur attitude n'est pas identique envers chacun : ils se méfient « de trop de connivence » vis-à-vis des uns, en fuient d'autres ou, à l'inverse, sont à la recherche de contacts auprès de certains. Le chat adopte l'une ou l'autre de ces trois positions selon ce qu'il perçoit de la personne sur l'instant[1].

Les félins domestiques ont tout le loisir d'étudier, jour après jour, leur compagnon. Ils l'observent sans jugement et sans égocentrisme. Ils

1. Un chat peut fuir son adoptant à certaines occasions, comme lors d'un déménagement ou d'un événement inhabituel.

le voient agir, l'entendent parler et lisent en son cœur. Ils en savent long sur lui. Samuel Ross le confirme et dit: *« L'animal sait percevoir nos états d'âme et y répondre. »*[1] C'est d'ailleurs pour cette raison qu'il a fondé une ferme pédagogique dans le Connecticut (États-Unis) destinée à accueillir des enfants brisés par les événements de la vie. Chacun des enfants choisit un animal, dont il devient responsable. En lien permanent avec l'animal, les enfants reprennent progressivement confiance en l'autre, puis en eux-mêmes. La grande majorité d'entre eux deviennent des adultes épanouis, « confiants dans l'homme grâce à l'animal ». Dans leur cas, les échanges qu'ils ont eus avec leur animal étaient silencieux, mais ils n'en ont pas moins su les exploiter et les mettre à profit.

Pour revenir à notre cas présent, certains félins domestiques connaissent si bien leur compagnon humain qu'ils donnent spontanément leur point de vue sur lui, la situation qu'il traverse et son état d'esprit. De surcroît, ils ont leur propre idée sur la voie qu'il devrait suivre au lieu de persister dans sa façon d'être et ses habitudes.

Je n'ai pas sollicité ces remarques et ne connais généralement pas, ou peu, les propriétaires. Par conséquent, je ne peux pas émettre une analyse psychologique personnelle du propriétaire. Pourtant, l'animal, sachant qu'il sera entendu par son adoptant, en profite pour livrer son opinion[2]. Quel est donc l'objectif de l'animal lorsqu'il donne son point de vue sur son adoptant *via* le tiers que je suis ? Pourquoi ne pas user de l'échange silencieux qui fonctionne à merveille auprès des enfants ? Sans doute parce que l'adulte et l'adolescent ont pu perdre leur capacité de réception sensorielle. L'animal espère peut-être, ainsi, que ses recommandations seront entendues. Car sa principale attente est que

---

1. Cité dans Karine Lou Matignon, *op. cit.*, p. 140.
2. Cela vaut pour les chiens, les chevaux, et même les tortues de compagnie !

son compagnon humain soit heureux, moins stressé, plus confiant et plus ouvert.

Le choix d'adopter un animal de compagnie se fait à un moment opportun de la vie. Par l'adoption, l'humain tente bien souvent de trouver un substitut à un besoin en souffrance. Et l'animal devient ce moyen de compensation. Grâce à sa présence et aux réponses qu'il apporte, l'adoptant peut passer plus facilement à autre chose. Il peut grandir, en somme. Mais grandir peut parfois prendre du temps ou nécessiter quelques conseils. Voyons comment nos félins s'y prennent pour prodiguer les leurs.

CERTAINS, IMPUISSANTS, OBSERVENT AVEC EMPATHIE OU COMPASSION

Maïa-Râ sait bien que les peurs sont sources de blocages, mais il demeure plein d'empathie pour sa compagne :

> **« Tu sais, je connais bien les peurs de H. Elle a trop de peurs en elle. Par exemple, elle a peur de tout casser. Elle veut être tellement délicate qu'elle en devient malhabile. Mais elle est pleine de bonne volonté et de gentillesse, alors je la laisse faire. »**

Gassho est lui aussi compatissant. Il sait que l'absence de contentement est source d'une forte pression intérieure, mais il n'a pas réussi jusqu'ici à se faire entendre :

> **« H. est malheureuse au fond de son cœur. Elle ne sait pas se contenter. Elle a besoin de toujours plus. Elle se soumet à une violence intérieure qui la rend malheureuse. »**

Loulou voit sa compagne humaine toujours insatisfaite. Les coups de tête n'apportent qu'un plaisir temporaire et non un bonheur sur le long terme. Alors, il tente un conseil d'apaisement :

> **« H. n'est pas raisonnable. Elle fait ses choix par passion, sur un coup de tête sans écouter la raison. Je crois qu'il est important pour H. d'être plus heureuse. Elle pourrait écouter la musique qu'elle aime afin d'apporter de la douceur à son cœur. »**

Saïgon s'est montré plus exigeant. Habitué à beaucoup de joie dans la maison, il a du mal à vivre la période de tristesse que traverse la maisonnée. Il réclame que son adoptante voie le côté positif des événements :

> **« Qu'elle me parle de "plaisir" plutôt que de "manque". »**

Il m'apparaît que certains de ces chats ont une vision bouddhiste de la vie qui, si elle nous amène à plus de sérénité et de paix intérieure, n'est pas toujours facile à mettre en œuvre. Néanmoins, notre paix intérieure semble être l'objet de leurs requêtes.

LES CHATS EN FIN DE VIE SONT PLUS PROMPTS À DONNER LEURS CONSEILS

Les témoignages ci-dessous émanent de chats dont la fin de vie est proche ou imminente. Ils émettent plus facilement des conseils. Ceux-ci sont plus directifs, par le vocabulaire employé – le verbe « devoir » – et le temps – l'emploi de l'impératif.

Orphéus a bien compris que la confiance est source d'épanouissement personnel. Il le rappelle afin que son adoptant poursuive son chemin dans la confiance, même lorsqu'il aura disparu :

> **« H. a changé sa vie tout seul en acceptant de me venir en aide et de me procurer de l'attention. H. a besoin d'obtenir la confiance de ses proches pour pouvoir agir. Il doit continuer à vivre dans la confiance. »**

Kobé a longtemps vécu auprès de son adoptante. Elle rappelle que charité bien ordonnée commence par soi-même :

> **« H. est pleine d'amour. Elle m'a sauvée une première fois. Elle essaye encore de me sauver. Qu'elle cesse de sauver les autres. Elle doit s'occuper d'elle-même et se sauver elle-même. Elle doit réfléchir sur elle-même et sur ses choix. »**

Vivant ses dernières semaines, Byzance aimerait bien voir sa compagne humaine devenir heureuse avant son décès. Elle lui rappelle que la vie consiste à regarder au-delà des difficultés :

> **« J'aimerais que H. soit heureuse, qu'elle voie la vie du bon côté. Les obligations et les difficultés font partie intégrante de la vie. Elles ne sont pas à considérer comme des corvées. Que H. cesse de s'inquiéter pour moi ou pour les autres. »**

Fantasia vit ses dernières heures, triste de n'avoir pas connu sa compagne heureuse. Elle lui recommande à demi-mot de consulter :

> **« J'aimerais que H. soit heureuse. Elle a beaucoup de soucis. Cela me rend triste et résignée. J'aimerais qu'elle prenne soin d'elle-même, qu'elle ne soit plus seule à ruminer ses soucis. J'aimerais qu'elle se fasse aider par quelqu'un. »**

ET D'AUTRES DEMANDENT QUE SOIT MIS UN TERME À UN COMPORTEMENT DÉSORMAIS INAPPROPRIÉ

Certaines personnes ne parviennent pas à dépasser leurs motivations d'adoption et continuent d'être en demande auprès de leur chat. Fort heureusement, le chat ne peut pas panser une blessure à lui tout seul : la personne a sa part de travail à effectuer.

Thésée l'explique ainsi :

> **« H. a investi trop de choses sur moi et je n'aime pas ça. Sa main est porteuse d'attentes que je ne peux ni ne veux satisfaire. J'aimerais être juste Moi, et non l'être vivant qu'elle a sauvé et dans lequel elle a projeté ses affects psychologiques. Elle m'a sauvé, un point c'est tout. »**

Lilly vit dans une famille depuis huit ans. Elle aimerait que les deux filles évoluent aussi à son égard :

> **« J'adore H. J'adore son énergie, elle est confortable. Je suis bien avec lui. C'est un amour. Mais du côté des filles, je ne suis plus un bébé, il faudrait qu'elles le comprennent. »**

Quant au stress, il ne convient ni aux félins ni aux humains. Il est temps qu'ils le comprennent, se plaint Ulysse :

> **« H. est trop stressée. Elle veut s'occuper de tout. Je la vois aller à droite, à gauche. Elle s'agite. Cela me fait tanguer. "Coool." »**

L'ensemble de ces propos démontre l'existence de plusieurs capacités sensorielles et cognitives chez le chat. Tout d'abord, il a une forte capacité à ressentir et à comprendre les émotions comme le vécu des hommes. Il le fait très certainement avec son cœur, ce qui lui permet d'apporter une réponse sensorielle adaptée. Mais il est aussi capable de prendre du recul et d'analyser des situations auxquelles son adoptant est confronté. Il sait ce dont ce dernier n'a plus besoin et ce dont il a désormais besoin – et ce, à des niveaux autres que primaires. Le chat a non seulement conscience de lui-même et de son évolution personnelle, mais il a également conscience de sa relation à l'autre et de ce que vit cet autre. En comprenant le mode de fonctionnement de son humain préféré, il fait preuve à l'évidence de prise de perspective. Certains font même preuve de réflexions bien proches de la psychologie.

Et si nous les questionnions ?

Le vécu émotionnel

« Les circuits neuronaux qui véhiculent les émotions sont intimement liés à ceux qui véhiculent la cognition. »

Matthieu Ricard

« *Les animaux ne sont rien de plus que des automates inconscients ne possédant ni pensée, ni sensibilité, ni vie mentale d'aucune sorte.* » Telle était la conviction, désormais célèbre, de Descartes et de Malebranche[1].

Bien sûr, les vrais amis des animaux n'y avaient pas cru. Tels les naturalistes du XIXe siècle dont « les textes abondent en histoires créditant les animaux de sentiments, de ressentis, d'intentions, de volontés, de désirs et de compétences cognitives[2] ». Malheureusement, la pensée de Descartes est à l'origine des pratiques de la vivisection et de tests agressifs menés dans les laboratoires pendant des siècles. Il a fallu attendre les études éthologiques de la seconde moitié – et surtout du dernier quart – du XXe siècle pour que l'exact contraire soit enfin prouvé.

Les humains n'ont pas l'apanage du vécu émotionnel ni de la souffrance physique et psychologique. Les animaux aussi éprouvent l'ensemble du panel émotionnel que sont la peur, la tristesse, la souffrance, la joie ou la jalousie. La primatologue russe Ladygina-Kohts a démontré que son chimpanzé éprouvait des sentiments de jalousie, d'empathie, de culpabilité, de loyauté, etc.[3] De surcroît, Mark Bekoff, un éthologiste

1. Du XVIIe siècle. Cité dans Matthieu Ricard, *Plaidoyer pour l'altruisme*, Paris, Nil Éditions, 2013.
2. Vinciane Despret, *op. cit.*, p. 58.
3. Extrait de *Infant Chimpanzee and Human Child*.

américain, a écrit que certains animaux sont capables d'amour romantique. J'illustrerai ce propos par une anecdote personnelle. Sur l'île de Palawan[1], dans le village de El Nido, un couple de chats venait chaque soir s'allonger auprès de nous. Le mâle entourait sa femelle d'une patte langoureuse, tout comme un homme passe son bras autour des épaules de sa bien-aimée. Ils restaient ainsi allongés le temps de notre dîner. Il en fut ainsi chaque soir de notre présence.

Si les chats sont capables d'amour, ils ressentent alors nécessairement l'amitié. Il suffit de parcourir le Web pour s'en convaincre. Je prendrai pour exemple les nombreuses photos de chats - et même de chats et de chiens - collés l'un à l'autre ou se frottant le museau[2]. Elles prouvent qu'au-delà du jeu, de forts sentiments de confiance et de complicité existent entre les individus. Bien sûr, ces sentiments d'amitié ou d'amour ne relèvent pas plus d'une exclusivité féline qu'humaine. Frans de Waal[3] a démontré que l'ensemble des animaux, notamment les mammifères et les oiseaux, étaient dotés et disposés à l'empathie. Elle se décline sous les formes de l'entraide, de l'amitié, de la joie des retrouvailles, de la tristesse de la séparation, de la gratitude et autres comportements altruistes.

L'éventail émotionnel est si large qu'il touche jusqu'à même la dépression et la folie. Le vétérinaire Robert Dantzer considère qu'un animal «*peut souffrir et sombrer dans la folie lorsqu'il n'arrive pas à exprimer le répertoire de son comportement naturel*[4]».

---

1. Aux Philippines.
2. Par exemple http://www.topito.com/top-chats-surpris-acte-sexuel ou encore des photos de congénères déposées sur les sites de visionnage de vidéos.
3. Frans de Waal, *L'Âge de l'empathie. Leçons de la nature pour une société solidaire*, Éditions Les Liens qui Libèrent, 2010.
4. Boris Cyrulnik, Élisabeth de Fontenay, Peter Singer, *op. cit.*, p. 249. Voir aussi le chapitre «Stress, traumatisme et dépression», page 179.

Les animaux, et *a fortiori* les chats, possèdent ainsi toute la richesse émotionnelle dont nous nous targuons et que notre histoire sociale leur a longtemps refusée. Boris Cyrulnik confirme même qu'il est « *nécessaire aujourd'hui pour comprendre les émotions des animaux d'utiliser des approches issues de la psychologie humaine*[1] ». Les éthologues du XXIe siècle rejettent totalement le diktat de leurs prédécesseurs qui accusaient d'anthropomorphisme tous ceux qui étaient attachés à l'observation et aux anecdotes. Il était temps ! Aujourd'hui, notre société tout entière parvient à l'observation empathique de l'animal en tirant profit des avancées de la psychologie humaine. L'observation empathique permet de saisir l'univers propre à chaque animal. « *Elle est un outil de la connaissance. L'empathie*, écrivent Pascale Sicotte et Christine Nissan, *est le mécanisme qui permet à un observateur de se mettre dans la sphère de référence de l'autre. L'anthropomorphisme est le mécanisme inverse, qui amène l'observateur à projeter ses sentiments et ses perceptions sur l'autre*[2]. »

La vie des félins est ponctuée à chaque instant de vécus émotionnels. Il suffit de feuilleter rapidement les pages de ce livre pour y découvrir peur, colère, jalousie, bonheur ou tristesse. Bien sûr, selon le degré de sécurité obtenu dans leur petite enfance et selon leur caractère, les chats les vivent et les expriment plus ou moins fortement. Compte tenu des émotions égrenées dans ce livre, je ne citerai ici que quelques exemples.

Naïs est une chatte entière qui vit pleinement ses émotions à chaque moment de la vie : tristesse, colère, inquiétude, jalousie, joie... Dans sa prime enfance, trop de changements de mains l'ont menée au comble de la tristesse et au refus de s'alimenter :

1. *Ibid.*, p. 204.
2. Citées dans Yves Christen, *L'animal est-il une personne ?*, p. 187. Citation issue de leur livre *Femmes et empathie en primatologie*.

« Je n’en peux plus et n’ai plus goût à rien. »

Lors de sa stérilisation, elle s’est mise à bouder, « énervée et très mécontente ».

Lorsqu’il s’est agi que mon mari et moi-même soyons absents toute la journée, elle ne sortait plus à l’extérieur :

« J’ai peur d’être seule toute la journée. Qui va s’occuper de moi ? »

Puis, à l’occasion de vacances, elle fut confiée à des personnes habituées aux chats. Pourtant, elle se réfugia dans les placards de leur entrée pour être sûre de ne pas nous manquer à notre retour :

« J’étais inquiète que vous ne reveniez pas me chercher. »

Enfin, lorsque Capucine – une chatonne haute comme trois pommes et aussi véreuse que ces trois pommes – a débarqué dans notre jardin et a requis toute mon attention, elle se déclara jalouse :

« Je suis jalouse, comme tu dis, parce que je suis inquiète de ma place et de mon avenir. J’ai besoin de comprendre ce que vous comptez faire avec cette chatte. »

Le tableau de ses émotions ne serait pas complet sans la joie, la sérénité et la confiance qu’elle a développées auprès de nous et dans son environnement extérieur.

Bien sûr, Naïs n’est pas la seule chatte à exposer ses émotions. Lorsqu’un adoptant fait appel à un communicant animalier, c’est essentiellement pour comprendre les motivations de son chat à adopter une nouvelle attitude. Derrière chacun de ces comportements inhabituels se dévoile une émotion.

Eol se dit très en colère :

« J'ai été en colère après H. à propos de ce produit infect. »

Princesse a également développé une colère persistante après avoir subi des comportements inappropriés de la part de son précédent adoptant :

« Je griffe pour décharger ma colère. »

Charlie a développé une profonde tristesse suite au départ de son compagnon humain préféré :

> **« Je m'ennuie et suis bien triste sans lui. »**

Ulysse se dit méfiant et inquiet :

> **« Je suis de nature méfiante. Je n'ai pas tout à fait confiance dans les capacités d'attention des humains, surtout lors de leurs déplacements. Les déplacements des personnes dont je ne suis pas familier m'inquiètent toujours. »**

Replacer le vécu émotionnel au cœur de nos considérations nous permettrait de comprendre enfin les motivations profondes du comportement des animaux, plutôt que de les attribuer à l'instinct, terme imprécis qui ne nous encourage ni à considérer ni à saisir l'individualité de chacun. Yves Christen nous dit qu'au sein d'une même espèce, des différences d'intelligence et de comportement - plus ou moins nerveux, aimables ou extravertis - sont identifiables entre chaque sujet[1]. Il en est de même pour les réactions émotionnelles et pour l'expression des besoins.

1. Yves Christen, *op. cit.*, p. 36.

Les besoins

« J'ai pris conscience qu'en ignorant mes propres besoins je me faisais violence. »

Thomas d'Ansembourg

LES BESOINS SONT DES VALEURS DONT LA SATISFACTION DONNE DU SENS À NOTRE VIE

J'applique ma maxime à tous les êtres vivants, sans distinction.

Sous l'influence de la religion chrétienne[1], les animaux ont longtemps été considérés comme n'ayant que des besoins primaires, c'est-à-dire les besoins physiologiques – s'oxygéner, se désaltérer, s'alimenter, éliminer, se reposer et se reproduire – et les besoins de sécurité physique – se protéger de la prédation et des aléas climatiques.

Il a fallu d'innommables expériences de laboratoires – malheureusement – et les observations de l'éthologie récente pour convenir que les animaux aussi ont la nécessité d'assouvir des besoins secondaires liés à l'être : les relations sociales, l'amour et, pour certains, la réalisation de soi.

Ces besoins secondaires[2] concernent au premier titre les besoins d'appartenance – tribu, famille, clan – et de relations sociales – partage,

1. À l'exception notable de saint François d'Assise, qui considérait les animaux comme les frères de l'homme, étant comme lui des créations vivantes de Dieu.
2. Théorie de la motivation et des besoins de Maslow.

communication, amitié, amour. Ceux-ci relèvent de la sécurité psychologique. Rien d'étonnant à cela, sachant que les mammifères sont dépendants de leur mère[1], de ses soins et de son éducation pour grandir sainement puis pour s'en aller, compétences acquises, quérir leur propre territoire.

Marshall Rosenberg, un psychologue américain, a développé une méthode d'écoute empathique et de résolution des conflits qu'il a appelée « communication non violente[2] ». Elle s'articule autour de quatre points essentiels : l'observation, le ressenti émotionnel, le besoin et la demande. Cette méthode prend prioritairement en compte l'émotion associée à un besoin. Lorsqu'un besoin est insatisfait, un déséquilibre se crée. Pour tenter de rétablir leur équilibre intérieur, les humains adoptent un comportement qu'ils estiment adapté : les enfants boudent, pleurent ou crient ; les adultes choisissent des stratégies plus ou moins conscientes et plus ou moins violentes.

L'animal domestique, quant à lui, exprime à sa façon son émotion et son besoin. S'il n'est pas compris, il peut alors adopter une attitude « inconvenante » en espérant qu'elle fasse réagir son adoptant. Elle est le signal d'alerte qui sous-entend : « Et maintenant, est-ce que tu m'entends enfin ? » Il est urgent d'agir.

Lorsque j'interviens pour écouter l'animal, celui-ci clame rapidement ses émotions[3] et ses besoins inassouvis. Il suffit, là encore, de parcourir les témoignages cités pour se rendre compte de leur panel de besoins. Ce sont des clefs pour faire évoluer la situation.

1. Lire les chapitres « La vie sociale » et « La maternité », pages 95 et 145.
2. Marshall Rosenberg, *Les mots sont des fenêtres (ou bien ce sont des murs)*, Éditions La Découverte, 2005. On peut lire aussi : Thomas d'Ansembourg, *Cessez d'être gentil, soyez vrai*, Éditions de l'Homme, 2001.
3. Voir le chapitre « Le vécu émotionnel », page 79.

QUELQUES BESOINS PRIMAIRES

Dans la catégorie des besoins primaires, nous retrouvons bien sûr les besoins d'espace et de mouvements.

Léa vit exclusivement en appartement et est gênée par l'encombrement de celui-ci :

« Il y a trop d'objets dans cette maison. Ça manque d'espace. Un chat a besoin d'espace pour se mouvoir aisément. »

Léa cite son besoin « d'espace », donne le motif de son insatisfaction – « trop d'objets » – et la raison de ce besoin – « pour se mouvoir aisément ». Difficile d'être plus clair.

Dans le même registre, Maïa-Râ n'en peut plus de rester confiné sans possibilité de sortie :

« Je mords aussi fort parce que j'ai du mal à me contrôler et je n'ai pas d'autres moyens de me défouler. En fait, j'ai besoin de courir et de sauter. »

Maïa-Râ explique son comportement – « Je mords fort » – par l'insatisfaction de son besoin de mouvements : « J'ai besoin de courir et de sauter. » Mordre lui permet de gérer autant que faire se peut le stress engendré par la sédentarité : il « se défoule ». Vivre confiné ou marcher en laisse ne correspond d'ailleurs pas à sa conception de la vie :

« J'ai besoin de vivre plutôt que de rester enfermé là bloqué par des murs ou par une laisse. »

Merlinou résume en une phrase les motivations associées au besoin de liberté :

« J'avais besoin de me sentir libre pour me sentir bien chez moi. »

Se sentir libre le rend heureux de vivre au sein de son foyer humain. Merlinou introduit ainsi le besoin de sécurité que tant de chats évoquent.

Princesse déclare avoir fui son précédent foyer pour cause d'insécurité et espère trouver la paix et le bien-être dans sa maison d'accueil :

> **« J'ai besoin de calme, de paix, d'être rassurée qu'il ne m'arrivera plus rien et surtout pas dans cette maison. Je veux rester ici, je m'y sens bien. J'ai besoin de temps et de quiétude (pour continuer à m'apaiser). »**

Lilly, aussi, cherche à se sécuriser. Elle étonne son foyer humain par sa capacité à retourner dans sa précédente maison, désormais vendue. Lilly n'apprécie pas son logement actuel. Tant que les membres de son foyer y sont présents, elle tente de s'en satisfaire, mais dès leur départ, elle le fuit :

> **« Quand ils partent, je suis seule. Alors, pour assurer ma sécurité, je retourne là-bas. »**

Quant à Naïs, qui a vu débarquer dans son jardin et sa maison une chatonne, elle manifeste pour sa sécurité :

> **« J'ai besoin de stabilité. J'ai juste besoin de savoir qui je suis pour toi. »**

Sa requête émane autant d'un besoin de sécurité physique – « J'ai besoin de stabilité » – que de sécurité psychologique, puisqu'elle s'inquiète aussitôt de mon attachement à son égard : « Qui suis-je pour toi ? »

Ainsi, l'insatisfaction des besoins primaires pousse les protagonistes à protester, parfois violemment. Ce n'est étonnamment pas le cas en ce qui concerne les besoins secondaires.

LES BESOINS SECONDAIRES

Les félidés domestiques satisfont leurs besoins de prise en compte, de tendresse, de partage et de communication au sein de leur foyer humain. Lorsque ces besoins d'appartenance et de relations sociales ne sont pas ou plus assouvis à l'intérieur du foyer, rares sont les réclamations. Néanmoins, les manifestations arrivent tôt ou tard. Certains chats décident de partir. Ils se dégotent une maison secondaire[1] à temps partiel ou à temps plein. D'autres demeurent sur place, avec le risque de perdre progressivement goût à la vie.

Umi avait deux maisons, son foyer officiel et une résidence de jour où elle satisfaisait son besoin de câlins. J'utilise l'imparfait, car désormais sa résidence de jour est habitée par de nouveaux propriétaires accompagnés d'une chatte. La perte de son réseau social de jour et de son second territoire la rend excessivement triste :

> **« J'aimais l'ambiance chaleureuse des précédents habitants. J'ai besoin de plus de câlins. Avant, j'en avais deux fois plus. Aujourd'hui, je n'en ai plus assez. »**

Umi ne parvient pas à se satisfaire des seules relations matinales et du soir et sans autre solution de substitution, elle s'automutile.

Charlie, d'un âge avancé, a vu partir son grand copain, l'enfant de la famille. Depuis, il vit auprès de deux adultes préoccupés par leur travail et leurs activités. Charlie a développé une maladie des reins et reste avachi toute la journée. Malade, il n'a nulle envie de guérir, car il n'a plus de relations sociales au sein de son foyer. Il ne s'y sent plus intégré :

1. Voir le chapitre « La maison secondaire ou la double vie », page 195.

« J'ai besoin d'être rassuré sur l'importance de ma présence et de mon existence. J'ai besoin d'être rassuré sur ma place dans ce foyer. J'ai besoin de me sentir exister pour quelqu'un. J'ai besoin d'INTERACTIONS. J'ai besoin qu'on me redonne goût à la vie. »

Ses besoins d'appartenance et de relations sont demeurés trop longtemps inassouvis. Il est tombé en dépression et s'est laissé périr.

ET LES AUTRES BESOINS

Au sommet de la pyramide des besoins de Maslow, les besoins complémentaires nécessaires à une vie humaine équilibrée sont l'estime de soi et la réalisation de soi. Dans quelle mesure l'accomplissement de ces besoins est-il applicable aux animaux et, dans le cas présent, aux chats ? À ma connaissance, aucune étude éthologique ne s'est penchée sur l'existence de ces besoins chez les animaux. Néanmoins, on voit des chats faire des choix de vie et agir de façon suffisamment étonnante pour soulever la question du mobile. Relèverait-il de la réalisation de soi ?

Sheshepop a effleuré ce sujet avec moi, car sa propriétaire me parlait de sa remarquable empathie et de sa brève expérience auprès d'un enfant autiste. Il sait qu'il sera un jour présent pour aider un humain confronté à des difficultés d'expression personnelle :

« J'aurais pris plaisir à aider un enfant autiste. Mais celui-ci n'était pas le bon. Ce n'était pas le bon moment non plus. Un jour viendra où je trouverai ma place auprès d'un adulte qui aura besoin de moi. C'est bien ainsi, car pour l'instant, je profite de ma vie de chat. »

Pourquoi Sheshepop se rendrait-il disponible auprès d'un humain en difficulté ? Selon quelles motivations personnelles ? Voici d'autres exemples sources d'interrogations.

Casper parcourt sa ville en prenant le bus[1]. Rares sont les chats requérant un territoire aussi vaste qu'une ville. S'il le considérait comme son territoire, Casper le parcourrait à pattes et le marquerait de son odeur. Mais foin de ce marquage ! Il se contente de monter dans le bus, s'installe confortablement et attend que le bus ait fait le tour complet de la ligne pour redescendre.

Prendre le bus ne relève-t-il pas d'une satisfaction plus complexe, associée à la réalisation de soi ?

Et qu'en est-il d'Oscar[2] ? Dans un hôpital gériatrique, ce chat accompagne les mourants dans les dernières heures de leur vie. Concrètement, il s'allonge sur leur lit pour rester à leurs côtés jusqu'à leur dernier souffle. Jamais il ne s'allonge auprès d'un malade dont le trépas n'est pas imminent. Son infaillible engagement, depuis des années, étonne tous les médecins du service qui n'en comprennent ni la motivation ni la compétence.

À quel besoin répond l'action de s'allonger auprès d'un mourant ? La signification de cet engagement, si elle nous échappe, est réelle pour Oscar. Réalise-t-il son Soi par ces actes d'accompagnement ?

J'ai à cœur de citer un troisième exemple, issu d'un documentaire que j'ai visualisé dans les années 2000. Aux États-Unis, un chat avait pris pour habitude de se poster à l'entrée du restaurant de son propriétaire. Mais il fut privé de cette activité. Il déprima, puis se laissa dépérir. Ne

1. Susan Finden, *Casper, le chat voyageur*, Saint-Victor-d'Épine, City Éditions, 2014.
2. Voir le site : http://daviddosa.com/pages/?page_id=6. Voir aussi le chapitre « La mort », page 237.

sachant que faire, son propriétaire lui redonna sa place d'hôte d'accueil au restaurant, ce qui lui redonna goût à la vie. Le restaurant devint célèbre pour son chat « hôte d'accueil », au point de faire l'objet d'un documentaire qui fut programmé à la télévision française. Encore une fois, ce chat trouvait en cette activité une jouissance personnelle sans laquelle il perdait le goût de la vie.

Il faudrait bien plus que ces trois anecdotes de renommée occidentale pour prouver que les chats connaissent également les besoins d'estime et de réalisation de soi. J'aime à croire que les hommes ne se rendent pas assez compte des actions extraordinaires de certains animaux. Et qu'en réalité, de nombreux chats agissent dans le but d'exaucer des besoins liés à l'Être, à l'insu des humains...

En conclusion, des besoins primaires, secondaires et de réalisation de soi satisfaits font des chats heureux. Qui en aurait douté ?

Partie
2

LE QUOTIDIEN DES CHATS

La vie sociale

« Les animaux aussi sont des créatures sociales. Qu'on en ait si souvent trop peu conscience ne reflète en rien leur infériorité mais notre ignorance. »

Yves Christen

Le chat a une image d'animal indépendant et peu social. Cette image s'appuie sur le fait qu'il se balade en solitaire, qu'il semble faire ce qui lui plaît et sur la notion de territoire qui lui colle aux poils[1]. Cette image n'est-elle pas limitative ? Pourquoi définir la sociabilité du chat à partir de ces seuls éléments ? Sommes-nous réellement capables d'apprécier sa sociabilité à sa juste valeur ?

LA RELATION À L'AUTRE, UN BESOIN PRIMORDIAL

Frans de Waal[2] a démontré que les animaux étaient dotés et disposés aux comportements altruistes et à l'empathie. Les chats ne font pas exception. Ils sont des créatures sociales offrant échanges, tendresse, éducation et entraide. Les relations sociales relèvent d'un besoin essentiel[3] que les chats satisfont en priorité auprès de leurs congénères.

1. Voir le chapitre « Le territoire », page 139.
2. Frans de Waal, *op. cit.*
3. Voir le chapitre « Les besoins », page 85.

Maïa-Râ vit seul en appartement en rez-de-jardin. Les sorties en laisse ne lui permettent pas de rencontrer d'autres chats. Il exprime clairement ce besoin:

> **« J'ai besoin de contact avec mes congénères et je sais les gérer. J'ai besoin de vivre plutôt que de rester enfermé ici. J'ai tellement envie de rencontrer le chat qui vient dans mon jardin. »**

Et, à ses yeux, « vivre » consiste à rencontrer d'autres chats.

Ce besoin de rencontre semble être fortement ressenti par les chats uniques. Le comportement de Gassho en est l'expression. Ce mâle, qui a vécu seul dix ans en appartement, a eu un beau jour libre accès à l'extérieur. Depuis, lorsqu'il est dehors, il ne se lasse pas d'observer et de tenter d'approcher les chats de son voisinage:

> **« Elle est la première chatte que je vois depuis des années. Je veux plutôt m'en faire une copine. Je cherche la compagnie. J'en ai marre d'être seul. »**

Zouzou, un mâle entier et errant, confirme ce besoin relationnel en décidant de fréquenter un foyer de chats colocataires pour la compagnie qu'il y trouve :

> **« J'aime ce lieu et la compagnie que j'y trouve. Enfin, plus particulièrement, le chat appelé "Domino". Mais il a un tempérament variable : un jour, il est content de me voir et le lendemain, cela ne va plus. Je m'arrangerai avec le second chat. »**

Comme le dit Zouzou, vouloir s'intégrer ou devenir copain n'est pas systématiquement couronné de succès ! Naïs, approchée par son voisin, a catégoriquement refusé de l'accepter et lui a fait la guerre à chaque tentative d'approche :

> **« Je n'ai pas envie de devenir sa copine parce que je ne veux pas qu'il vienne chez moi. Chez moi, c'est chez moi. »**

Pourtant, comme l'exprime Capucine, une nouvelle arrivante dans un foyer de colocataires, les chats sont habitués aux relations difficiles, au principe d'ancienneté et à la défense des prés carrés :

> **« Peu m'importe que ma relation soit difficile avec la chatte de la maison. Ces comportements sont habituels entre chats. »**

Eol, une chatte partageant un même territoire extérieur avec d'autres chats, confirme le principe « d'ancienneté ». Même si elle n'apprécie pas la doyenne des lieux, elle ne se prive pas de nouer des relations avec les autres chats et de trouver cela « sympa » :

> **« Il y a plus que trois chats ! C'est sympa de voir d'autres chats. La chatte que je n'aime pas défend son territoire. Comme si c'était elle, la maîtresse des lieux. »**

LES RELATIONS SOCIALES IMPLIQUENT DES CAPACITÉS SENSORIELLES ET COGNITIVES

Les témoignages cités ci-avant et ci-après prouvent que les chats ont une excellente conscience de chacun de leurs congénères et de leur propre place au sein du groupe. Ils reconnaissent leurs pairs et savent les distinguer les uns des autres. À ces fins, ils utilisent leurs sens visuel, olfactif et auditif comme leurs capacités cognitives et mnésiques.

Visuellement, ils distinguent quel chat circule devant leurs fenêtres. Néo sortait de chez nous à toute allure dès qu'il apercevait l'élue de son cœur au fond du jardin, soit à 30 mètres de son coussin. Aucune autre comparse ne générait chez lui cet effet.

Leur sens olfactif leur permet de reconnaître le marquage de l'un ou de l'autre. Ils déterminent ainsi qui est passé par là et quand.

Leur ouïe est si fine qu'ils entendent arriver leur comparse avant même de le voir. L'observation régulière des chats montre qu'ils réagissent avant même l'apparition du comparse, ami ou ennemi, caché derrière un mur ou par l'angle de la maison.

Enfin, ils se souviennent très bien des comportements de chacun. Cette mémoire permet à Naïs de rentrer dare-dare à l'abri dès qu'elle entend Mao, qu'elle sait, d'expérience, agressif à son égard.

Les pairs sont des modèles et des sources d'inspiration. Les chats s'attirent parce qu'ils s'espionnent et se copient. Ainsi l'annonçaient Gassho et Hélios, deux chats peu aguerris :

> **« Je suis attentif à ce que font les autres chats. Je copie sur eux. »**

> **« C'est très intéressant de regarder Merlinou s'agiter dehors. Il me montre la voie à suivre. »**

Gassho et Hélios, pour des motivations différentes, montrent qu'il leur est d'abord nécessaire d'apprendre de leurs pairs avant de se risquer dans la vie sociale extérieure. Le but de ces observations et de ces imitations est d'apprendre à se comporter avec leurs congénères. Konrad Lorenz considérait d'ailleurs l'imitation «*comme un facteur de cohésion du groupe*[1] ».

Regarder les agissements d'un pair pour l'intégrer et le reproduire ultérieurement est le signe de leur capacité à décoder l'intention d'autrui. Et «*décoder autrui est une activité hautement intelligente*», nous dit Yves Christen[2]. Les capacités cognitives permettent d'imiter une attitude pour la reproduire dans une situation appropriée. Quant à Frans de

1. Konrad Lorenz, *L'Envers du miroir. Une histoire naturelle de la connaissance*, Flammarion, 1975.
2. Yves Christen, *op. cit.*, p. 81.

Waal, il évoque la prise de perspective qui permet aux uns de se mettre à la place des autres pour comprendre les motivations de leurs actions et ce qu'ils ressentent.

LA VIE EN COLOCATION, UN LIEU PRIVILÉGIÉ DE LA VIE SOCIALE

En dépit de quelques incompatibilités d'humeur, la vie en colocation procure un appréciable confort social, d'autant plus important lorsque le domicile n'offre pas d'accès extérieur. Deux colocataires de foyer différent, Hélios et Ulysse, ont beau se plaindre du tempérament trop dynamique de leur colocataire respectif, ils n'en apprécient pas moins sa présence. Ils assurent l'un et l'autre se sentir mieux en sa compagnie que seuls :

Hélios :

> **« J'aime bien Merlinou. Il est rigolo et embêtant. On s'entend bien, mais il est trop dynamique pour moi. Tout ce que j'entreprends de faire, il le fait. Merlinou prend tout l'espace. Sans lui, j'aurais plus de place, mais me sentirais seul et n'aurais plus de distraction. C'est trop facile pour lui de m'embêter ! Que Merlinou aille se promener. À l'extérieur, il trouve des chats plus coriaces que moi, et que lui. »**

Ulysse :

> **« J'ai fini par m'habituer à Domino qui est trop dynamique. Ne peut-il pas se tenir en paix ? Je l'accepte et n'ai rien contre lui. Mais qu'il ne me dérange pas ! J'apprécie sa présence qui me tient compagnie en journée. Mais j'ai besoin de calme et de tranquillité. Voilà tout. »**

Ces alter ego du quotidien vivent selon leur propre rythme personnel et, en même temps, ils deviennent de réels soutiens mutuels. Ainsi le disent de nombreux chats, à commencer par Lilly, une chatte à qui on a attribué une colocataire quelques années plus tôt :

> **« Nous cohabitons sans partager grand-chose, mais nous nous soutenons si nécessaire. »**

Les chatons d'une même fratrie adoptés simultanément peuvent vivre une cohésion plus facile et demeurent intimement liés. Ainsi, Mistinguette a réveillé à l'aube son adoptante pour secourir son frère gravement blessé qui gisait à l'extérieur devant la porte.

Qu'ils soient de la même fratrie, colocataires ou voisins, une vie commune sur de longues années donne naissance à une tendresse et un soutien mutuels qui persistent avec la progression en âge, au-delà des joies passées, du jeu et des échanges. Ceux-là se définissent comme des « vieux couples », se soutenant tout en restant indépendants. Voici deux témoignages similaires, celui de Noisette qui évoque son colocataire, puis celui de Mystère à propos de sa voisine :

> **« Ah lui ? Voilà longtemps qu'on ne joue plus ensemble. Il vit dans son monde et moi dans le mien. Bien sûr que j'apprécie sa compagnie. Heureusement qu'il est présent. Sans lui, la vie serait triste et n'aurait plus de sens. Même si nous ne jouons plus ensemble, on se soutient malgré tout. Lui et moi sommes un vieux couple. »**

> **« Au début, je jouais beaucoup avec elle. Je l'aime bien. Elle me tient compagnie. On va manger dans nos gamelles respectives. Avec elle, c'est une vieille histoire de liens. Mais maintenant, j'aspire à plus de tranquillité et de solitude. Ce n'est plus la frénésie d'antan. Elle semble plus demandeuse de ma présence que l'inverse. »**

La disparition de ce vieil ami signifie la perte d'une relation solide et de confiance. Lou, qui vient de perdre sa colocataire, s'ennuie tellement de son absence qu'il en dort toute la journée. Il nous rappelle à cette occasion combien la relation sociale est importante :

> **« Je m'ennuie. Ce n'est pas Fantasia qui me manque, c'est la relation que j'avais avec elle. Entrer en contact avec d'autres chats et nouer une relation est un besoin naturel chez nous. J'en ai vraiment besoin. »**

Même si, à leurs yeux, la mort fait partie intégrante de la vie[1], cette perte peut faire naître une grande tristesse, au point de ne pas réussir à en faire le deuil. Cela peut devenir parfois une motivation complémentaire au choix de quitter, à leur tour, leur peau terrestre[2].

Les relations sociales ont été l'objet de nombreuses paroles félines impossibles à toutes citer ici. Il y manque les remarques amoureuses. Mais vous avez certainement été le témoin d'échanges tendres, de soins, de comportements amoureux, d'appels à l'aide lorsque le colocataire est blessé, ou de disparition du second après le décès du premier. Tous ces actes sont l'expression de leur sens de la relation et d'une vie sociale indubitablement riche.

1. Voir le chapitre « La mort », page 237.
2. Voir le chapitre « Les motivations au départ », page 209.

Le confort

« Les chats sont prodigues d'attentions et peuvent faire preuve d'un fort attachement émotionnel. Sinon, pourquoi voudraient-ils être toujours dans la même pièce que nous ? »

Frans de Waal

Quand on évoque les chats, la première pensée s'envole rapidement vers la douceur, la chaleur et vers un cocooning apaisant.

Le confort des chats est ainsi un sujet abondamment traité dans les magazines, sur Internet et par les « amis des animaux ». Sur ce sujet, chacun y va de ses prérogatives. On trouve bien sûr le meilleur, telles des associations qui prennent en compte les besoins et le caractère de chacun de leurs protégés. On peut aussi trouver le pire, comme certaines associations de placement qui veulent s'ingérer, avant l'adoption et par contrat, dans l'instauration du « bien-être » de l'animal sans prendre en compte ses besoins spécifiques, ou encore comme certains sites Web paravents d'organismes à visées commerciales.

Le chat étant un animal déterminé, il va sans dire qu'il est le mieux placé pour définir les modalités de son confort personnel. Il nous reste à nous y adapter et à lui fournir le matériel requis, comme des espaces de cachette, une chatière offrant une libre circulation, une litière maintenue propre et d'une composition qu'il apprécie, des jeux – qu'il ait ou non accès à l'extérieur –, une zone protégée pour l'alimentation, des effets doux et moelleux... et la liste peut être agrémentée au gré de la volonté du principal concerné.

LE CONFORT PERMET DE DEMEURER EN BONNE SANTÉ

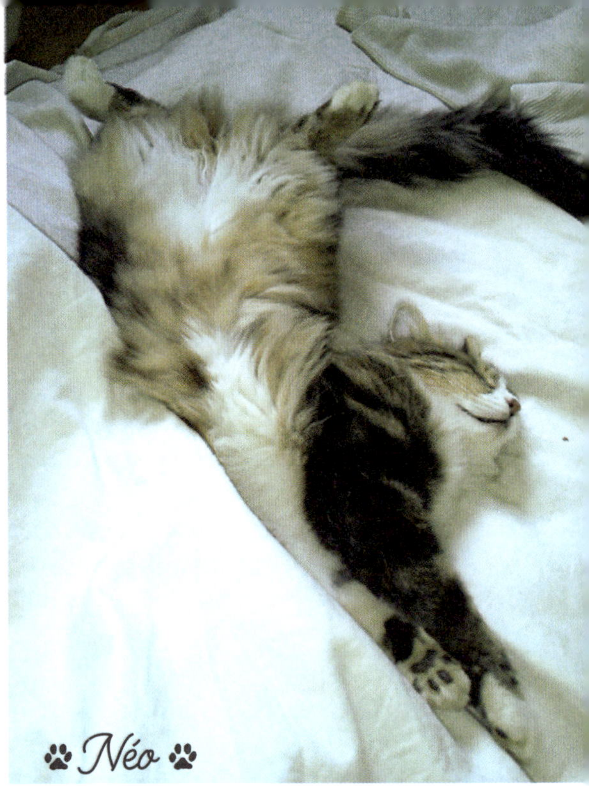

Pourquoi le chat a-t-il besoin de confort? Le confort est une affaire de chat, sans distinction de sexe. Sur ce point au moins, les femelles et les mâles sont égaux.

Le chat a un important besoin de sommeil – environ 17 heures par jour – et de toilettage pour demeurer en bonne santé. Dans la nature, il satisfait ces besoins dans un espace caché à l'abri des prédateurs.

Le sommeil étant l'activité principale de nos protégés, ils évoquent souvent ce qui s'y rattache, à savoir la tranquillité, la sécurité, la propreté et le moelleux. Qu'ils soient mâles, comme Ponpon et Kuro, ou femelles, comme Lilly et Gwen, ils évoquent ou revendiquent leur lieu idéal de repos.

Ponpon:

> **«J'ai besoin d'aller sous cette couette pour me rassurer et dormir au calme.»**

Kuro:

> **«J'ai besoin d'un endroit où me poser, me calmer et où trouver du réconfort. Je manque d'une cachette confortable et sécurisante.»**

Lilly :

> **« Dans cette maison, il me faudrait un recoin dans l'ombre et un espace de jardin à moi. »**

Gwen :

> **« C'est sale, je ne veux pas rester là-dedans. Je veux retrouver ma place pour dormir. Je veux retrouver mon aisance. Le tabac rend la pièce sale. Je suis assez triste. »**

Le vrai confort est chez soi sans passages trop fréquents. Hélios et Naïs le disent, le premier en réclamant le respect de sa tranquillité, la seconde, celui de sa stabilité :

> **« J'aime ma tranquillité et H. aussi. J'aimerais que cette tranquillité soit respectée. C'est pour ça que je ne n'aime pas quand des personnes viennent chez nous. »**

> **« Je n'aime pas les changements ! Même si tu me préviens, ce que j'apprécie grandement, je préfère malgré tout rester avec vous dans ma maison habituelle. J'ai besoin de stabilité. »**

Et le confort n'est vraiment total que lorsque le confort matériel de son chez-soi est associé au confort « relationnel ». Ainsi, lorsqu'Eol et Pencil évoquent leur bien-être, elles le lient à la satisfaction de leurs besoins sociaux et de leurs relations avec leur compagnon humain :

> **« Mon confort est chez moi avec H. J'ai mon petit coin confortable où dormir. J'ai besoin de ses caresses. »**

> **« J'ai besoin de ma chambre où j'ai mes habitudes. Ne pas y avoir eu accès m'a toute stressée. Je préférais aller chez ma nounou précédente. J'avais mon confort. Elle me préparait un**

Mao

petit coin, s'occupait de moi. Elle était douce et gentille. Elle me considérait à ma valeur, à juste titre. »

Les rituels participent au confort et au bien-être du chat. Ainsi, certains adoptants inventent des chansons qu'ils entonnent à un moment spécifique désigné par leur chat. Le peignage peut également devenir un rituel de partage, à condition qu'il soit opéré tout en douceur. Le câlin du matin, la chanson du sommeil, le jeu ou la promenade des retrouvailles quotidiennes... sont des exemples de rituel que le chat intégrera à son confort.

Sadhana et Mystère, deux mâles, nous livrent le secret de l'apothéose du confort : se lover dans les caresses fournies par leurs adoptants :

« J'adore H. Elle est confortable, je me love en elle. Elle est un vrai confort. »

« Les câlins sont ma nourriture. Il n'y a aucune raison de vivre sans câlins. C'est que du bonheur. »

Nous, les hommes, pensons que les chats nous sont sources de confort. Rassurons-nous, nous le sommes également pour eux.

Les déjections en intérieur

« Les chats c'est comme le papier,
ça se froisse très vite. »

Guy de Maupassant

Les déjections relèvent des besoins primaires de tout être vivant. Pour assouvir ses besoins hygiéniques, le félin exige sécurité, propreté et intimité. Sécurité, parce qu'il est alors en position de vulnérabilité. Propreté, pour éviter de propager les bactéries et/ou les vers éventuellement contenus dans les fèces. À l'état naturel, le félin élimine dans un espace éloigné de sa zone d'alimentation. Ainsi, un chat qui a accès à l'extérieur préfère éliminer chez le voisin – s'il s'y sent en sécurité – et manger ses proies dans son jardin. C'est pourquoi le chat d'intérieur requiert deux espaces distincts. Enfin il a aussi besoin d'intimité pour des raisons de sauvegarde et de confort personnel.

La plupart des félins détestent être observés pendant ce temps d'intimité. Pencil le précise très clairement et pourrait être le porte-parole de bien de ses congénères :

> **« Je déteste qu'on me regarde faire mes besoins. Le respect de mon intimité est essentiel. En fait, quand je défèque mal et suis malpropre, j'ai honte. Aussi, quand quelqu'un le remarque, j'ai encore plus honte. »**

Par conséquent, si notre chat quitte sa litière et utilise une nouvelle tactique pour uriner ou déféquer, il est urgent de s'interroger sur ses motivations. Sans attendre, on peut déplacer et modifier son espace d'aisance. Si les déjections éparses perdurent, l'investigation doit être plus approfondie. Des problèmes organiques, mécaniques ou neuronaux peuvent être la source de ce type de déjections, notamment chez les jeunes chats ou les chats en fin de vie. Il est alors recommandé de faire une vérification chez le vétérinaire. Toutefois, la cause peut aussi être tout autre, notamment chez le chat adulte notoirement propre.

LES DÉJECTIONS HORS LITIÈRE, UN SIGNE DE PROTESTATION ET DE RÉCLAMATION

Les déjections hors litière sont une stratégie couramment utilisée pour exprimer un besoin insatisfait. En effet, elle est facile à mettre en œuvre et garantit, en général, un certain succès.

Ces déjections sont souvent l'expression d'une profonde frustration directement ou indirectement liée à la place et à l'existence du félin dans la maison. La «place» réclamée peut être autant concrète que symbolique.

De mon expérience d'écoute, dans 99 % des cas les jets d'urine concernent des mâles castrés. Cela n'a rien d'une coïncidence. Un mâle entier, s'il n'est pas retenu à l'intérieur, court la campagne à la recherche de partenaires féminines et marque son territoire à jets d'urine. Il s'affirme naturellement. Le mâle castré confiné au domicile, *a contrario*, semble avoir plus de mal à s'affirmer et entre plus facilement en concurrence avec les autres mâles de la maisonnée.

Mao et Maïa-Râ expriment ainsi leurs frustration, colère ou jalousie face à l'homme de la maison qui, lui, vaque librement et occupe tout le terrain. Tous deux essayent de récupérer une place concrète dans la maison. Ils marquent le lieu de leur urine pour signifier qu'ils existent en tant que mâles et qu'ils ont besoin de leur propre place - en un mot, de leur territoire - tant à l'intérieur qu'à l'extérieur:

«Je suis très en colère! J'en ai assez de rester enfermé dans cette maison, d'autant que je n'y ai pas d'espace à moi. Monsieur occupe toute la place avec ses papiers. Je suis d'autant plus frustré que je vois les autres chats gambader dans mon jardin! À l'intérieur, je n'ai pas ma place et, à l'extérieur, je ne peux pas la prendre! Alors, je le fais savoir en urinant partout.»

«Cet homme est une sorte de concurrent qui, lui, peut aller et venir à sa guise. Et moi pas! Je signifie par mon urine que je suis aussi un mâle et que moi aussi, je veux aller et venir à ma guise. Pourquoi s'obstine-t-on à me garder enfermé?»

Uriner partout est aussi le moyen de prendre sa place de façon symbolique et, par là même, de prouver son existence. Un chat timide et tranquille comme Hélios disparaît facilement derrière un colocataire dégourdi, sociable, extraverti et costaud. La seule solution qu'Hélios a finalement trouvée pour exister face à son colocataire est de marquer la maison de son odeur. Ce fut malheureusement une stratégie inappropriée vis-à-vis de son colocataire qui resta indifférent à ce marquage. Son adoptante, quant à elle, lassée de ce pestilentiel parfum et de l'inévitable ménage corrélatif, se dépêcha de commander une écoute. Voici ce qu'Hélios en a dit:

«Mon colocataire ne me laisse pas l'opportunité de vivre à mon rythme, qui est plus lent que le sien. Je lui laisse le loisir de faire le malin tout son saoul. Moi, je suis timide. Ma seule façon de dire que j'existe est de marquer mon odeur, mais H. s'acharne à tout laver! Alors, il faut que je recommence à remettre mon odeur partout.»

Hélios, qui espérait être entendu par son adoptante, fut ainsi comblé, au moins de ce côté-là.

Uriner pour rappeler son existence fut aussi la stratégie employée par Gassho :

> **« J'urine exprès contre H. pour lui faire comprendre ma colère. Je n'existe plus, ni ne reçois câlins ou soins. Je ne suis pas jaloux. Je suis juste en colère de recevoir si peu d'attention de sa part. »**

Sa stratégie tomba littéralement à plat. Délaissé par son adoptante, son seul succès fut de lui donner une corvée de plus. Mais elle ne lui accorda guère plus de temps ni d'attention. Il continua donc d'uriner à l'intérieur de la maison et fut expédié encore plus souvent dehors, sans eau ni croquettes.

Hormis les situations récurrentes précédemment citées, Tigro donne une explication très particulière à ses défécations hors litière. Il se comporte en recycleur des émotions imprégnant le domicile :

> **« C'est ma façon d'éliminer le surplus et de le rendre là d'où il vient. Je rends aux habitants de cette maison les émotions de tristesse, de colère et de mal-être que j'y capte. Je leur rends leurs "saletés". Ainsi, je leur permets d'éliminer leur propre "mal-être", même s'il a été transformé par moi. »**

Les chats ont la réputation de participer à l'élimination des énergies négatives des lieux et des personnes qu'ils fréquentent. Tigro s'implique donc dans la vie du foyer en éliminant les énergies négatives de celui-ci. Dans ce cas, Tigro signifie à ses adoptants qu'il leur serait bénéfique de changer leur regard sur la vie.

COMMENT FAIRE CESSER CETTE STRATÉGIE DÉPLAISANTE ?

Écouter son chat qui urine de toutes parts équivaut, à ses yeux, à la première partie de ses attentes : « Enfin, on écoute ce que j'essaye de dire » ou encore « Enfin, on se préoccupe de moi », se rassure-t-il. L'écoute l'amène à cesser temporairement ses déjections. Pour que ce temporaire devienne pérenne, notre félin attend un changement de comportement à son égard : plus d'attentions pour Gassho, un accès libre à l'extérieur pour Maïa-Râ, une place concrète dans la maisonnée pour Mao, un comportement plus positif pour Tigro... Faute de ces changements, la frustration risque de reprendre le dessus et les jets d'urine de reprendre de plus belle. À moins que notre matou choisisse alors d'adopter une autre stratégie.

Notre chat peut ainsi nous amener à prendre conscience qu'un – ou plusieurs – de nos comportements est inadéquat. Il nous encourage soit à reconsidérer notre relation à lui, soit nos rapports au sein du foyer, soit encore à lui accorder plus d'espace de vie à l'intérieur de celui-ci. Si les tentatives de résolution n'aboutissent pas, il est temps de consulter.

L'alimentation

« Peu importe que le chat soit blanc ou noir pourvu qu'il attrape les souris. »

Deng Xiaoping

Nos félins domestiques ont la réputation d'être difficiles en termes d'alimentation et de boisson. Ils le confirment et n'hésitent pas à faire part de leurs souhaits. Peut-être trouverez-vous dans ce chapitre quelques clefs pour les satisfaire enfin ?

SE NOURRIR

Des millénaires durant, les chats, carnivores, ont mangé – et mangent encore – des rongeurs, des oiseaux, des insectes, mais aussi des grenouilles et des lézards fraîchement tués par leurs soins. La prise fréquente de petites proies – les insectes – compose l'essentiel de leur menu quotidien. La capture de rongeurs et d'invertébrés arrive en deuxième position.

Les chats, et leurs cousins les tigres, possèdent des gènes spécifiques permettant de métaboliser les graisses de viande. Une récente étude[1] a démontré une évolution rapide de ces gènes, trop rapide pour relever

1. Wes Warren, The Genome Institute at Washington University. Étude datée de novembre 2014, http://www.eurekalert.org/pub_releases/2014-11/wuso-tcm111014.php.

du hasard. Est-ce à dire que le système digestif du chat commence à s'adapter à un autre type de régime, celui auquel nous l'habituons depuis trente ans ?

Néanmoins, passer d'une alimentation vivante (viande fraîchement tuée et tiède) à des produits secs et durs (croquettes) ou mous et froids (préparations diverses) ne semble pas encore complètement intégré par le système digestif du chat. Car, bien souvent, nos compagnons boudent nos friandises modernes truffées d'appétants. Et si un chat ayant accès à l'extérieur peut agrémenter son alimentation, ce n'est pas le cas du chat d'intérieur.

Les chats, mâles et femelles, nombreux à s'exprimer sur ces points, disent clairement leur besoin d'une alimentation variée, fraîche et goûteuse. Les conserves ou les sachets ne semblent pas faire leur bonheur au-delà des appétants et entraînent parfois des problèmes digestifs. Voici, pour illustrer ce propos, les points de vue et les doléances de Néo, Mystère et Princesse.

Néo :

> **« Les boîtes, ça sent fort et ça paraît appétissant. Mais quelle déception dès que j'y goûte ! Je**

n'y trouve rien de consistant. Je n'en veux vraiment pas. Vivement ma viande. »

Mystère :

« C'est ennuyeux, les croquettes. Les sachets tout prêts sont bien appétissants. Ce sont des friandises que je ne digère pas bien. Elles me restent sur l'estomac. Ça me fait des ballonnements, un peu de fermentation. Je sens, parfois, des odeurs de viande. C'est tentant, la viande. J'aimerais en avoir, cuite ou crue, à ce jour, ça m'est égal. J'aimerais varier ma nourriture. »

Princesse :

« Je ne veux pas de boîtes, je veux bien des croquettes. J'aimerais avoir du poisson, j'ai envie de goûter un peu de tout, même du lait. »

Dans les cas ci-dessus, rien de bien grave, les chats vont bouder leur alimentation en espérant obtenir des mets plus adaptés à leurs envies.

Mais dans le cas où l'animal cesse de s'alimenter durablement – deux jours successifs sont un signe clair –, la vigilance s'impose. Car une maladie ou l'absence de sécurité peuvent affecter l'appétit.

En cas de maladie, le vétérinaire pourra en déterminer la cause et soignera l'animal.

En revanche, s'il s'agit d'un passage difficile, la seule issue est d'être attentif au vécu de l'animal et d'abonder dans son sens. Naïs, famélique lors de son adoption à l'âge de 3 mois, refusait jour après jour toute alimentation :

« Je n'en peux plus et n'ai plus goût à rien. Trimballée de bras en lieux et de lieux en bras, je ne veux plus rien, sauf peut-être jouer. Et puis, je veux du lait (pour bébé chat) et du poisson. Na ! Rien d'autre. »

Naïs récupéra son appétit immédiatement après ses premières lampées de lait et ses rations de poisson. Après trois jours de ce régime réconfortant, elle reprit une alimentation adaptée à son âge.

Dans tous les cas, il peut être utile d'essayer plusieurs aliments différents. Compléter par de la viande fraîche ou par du petit poisson peut s'avérer une bonne solution.

Le régime carné impose au félin de se purger en mangeant quotidiennement de l'herbe. S'il n'a pas accès à de l'herbe fraîche en extérieur, on peut en planter dans un pot d'intérieur ou acheter un pot d'herbe à chat prête à consommer.

SE DÉSALTÉRER

L'eau est une seconde interrogation. De nombreux chats, à l'instar d'Hélios, refusent de boire l'eau fraîchement tirée du robinet :

« L'eau qu'on me donne à boire ne me convient pas : elle a mauvais goût. Je ne la bois pas. J'ai soif. »

L'odorat du chat est si fin que l'odeur du chlore, du calcaire, du fluor ou d'autres intrants peuvent aisément le rebuter. Nombreux sont les chats qui raffolent de l'eau de pluie et des fameuses flaques d'eau boueuses. En clair, ils aiment l'eau de pluie dynamisée par les éléments naturels comme le soleil, le vent, etc. Les scientifiques spécialisés en zoopharmacognosie[1] ont constaté chez de nombreuses espèces sauvages l'ingestion de terre argileuse. Il en va de même pour nos chats. Certaines solutions d'intérieur sont faciles à mettre en œuvre, comme :

- récupérer de l'eau de pluie,
- donner l'eau de rinçage des légumes bio,
- mettre un peu de terre dans de l'eau de source.

Enfin, pour s'alimenter pleinement, nos compagnons ont besoin d'être rassurés et tranquilles. Mieux vaut réserver un espace sécurisé et sécurisant pour déposer les gamelles alimentaire et de boisson. On peut privilégier les recoins non circulants, à l'abri de chutes d'objets et inaccessibles aux inconnus. Plusieurs chats, comme Naïs, Pencil ou Néo, se sont plaints de la perte de tranquillité de leur espace alimentaire, d'autant plus s'ils sont hébergés hors de chez eux. Pour exemple, Naïs nous dit :

> **« Je ne veux pas qu'on occupe mon espace alimentaire ! Cet espace n'est plus préservé ! Je veux retrouver un espace tranquille pour manger. »**

Finalement, encourager nos chats à aller chasser est certainement la solution la plus simple pour eux… comme pour nous !

1. La connaissance des vertus médicinales des plantes par les animaux.

Vivre en intérieur ou à l'extérieur ?

« Nous les animaux parlons aux arbres, comme si nous entendions leurs battements de cœur. La terre qui se trouve au pied des arbres nous guérit de nos maux. Il est très important pour nous de nous rouler dans la terre des arbres. »

Anne eet Daniel Meurois-Givaudan

Rappelons-le, les félidés sont des animaux qui, à l'état naturel, possèdent de larges territoires. Les chats ne font pas exception. Durant neuf millénaires de domestication - dont seulement un siècle de domestication réelle et généralisée –, la majorité d'entre eux a vécu à l'état naturel. Aujourd'hui encore, les chats libres se comptent par millions sur la planète et continuent à vivre en parcourant des kilomètres tout en se rapprochant inévitablement des hommes.

Pourtant, depuis les trente dernières décennies, la courbe s'est inversée. Une majorité de chats est désormais domestique ou semi-domestique : ils étaient plus de 400 millions dans le monde[1] et plus de 10 millions en France en 2013[2]. Cette majorité a choisi d'assouvir certains de ses

1. Magazine *Géo*, 2006.
2. Ministère de l'Agriculture.

besoins en dépendant des hommes à un degré plus ou moins élevé. On peut les classer en trois catégories :

1. Les chats d'intérieur : ils vivent essentiellement en appartement et dépendent totalement de l'homme.
2. Les chats ayant libre accès à l'extérieur : ils ont un foyer, sont logés et nourris, tout en sortant à leur guise. Ils chassent et peuvent manger le produit de leur chasse.
3. Les chats semi-domestiques : ils vivent exclusivement en extérieur, mais proches des hommes. Font partie de cette catégorie les chats des fermes et les chats des villes nourris par les bonnes âmes.

La question de « vivre en intérieur ou à l'extérieur » se pose pour chacune de ces trois catégories. Toutefois, j'ai eu exclusivement à écouter des chats d'intérieur et des chats ayant libre accès à l'extérieur. On peut s'interroger sur l'appréciation qu'ont les chats d'intérieur de la réduction de leur liberté de mouvements. Comment ces félins, naturellement voyageurs, apprécient-ils de vivre dans des espaces clos qui, parfois, n'excèdent pas les 9 mètres carrés ?

La question de savoir si les chats semi-domestiques aspirent ou non à intégrer un foyer me taraude. De nombreuses anecdotes montreraient qu'ils envient volontiers une place au chaud pour plusieurs heures. Mais est-ce si sûr ?

Enfin, qu'apprécient ceux qui possèdent les clefs des espaces intérieur et extérieur ?

LES CHATS D'INTÉRIEUR

De plus en plus de citadins adoptent des chats, au regard de leurs qualités qui répondent de façon optimale aux exigences de la vie moderne en ville : un animal de petite taille qu'il n'est, normalement, pas nécessaire de promener, appréciant les câlins et jouant le rôle d'alter ego qui adoucit notre solitude. En effet, pour trouver un réconfort, l'homme s'adresse plus facilement à un mammifère, à l'exception certes des oiseaux et des nouveaux animaux de compagnie.

Ces chats, nés en intérieur, vivent toute leur vie ou presque en intérieur. Depuis les fenêtres de leur appartement, ils conçoivent mal l'environnement extérieur qui les attire naturellement, mais les terrorise tout aussi naturellement. Les circulations humaine et mécanique qu'ils aperçoivent refreinent toute tentation de sortie.

Lors de l'écoute, ils ne mentionnent pas de besoin de sortie et ils semblent satisfaits de leur quotidien rassurant, bien que trop confiné et parfois solitaire. Kawaï et Noisette disent s'accommoder de cette garantie de sécurité et de tranquillité :

> **« Je suis tranquille dans ma pièce, je me sens en sécurité, même si l'appartement est un peu étroit. »**
>
> **« Finalement, je ne tiens pas à sortir. Ici, je me sens protégée, à l'abri. C'est plus facile de rester en intérieur. Je n'ai pas confiance en l'extérieur. Cela me demande beaucoup d'efforts. »**

Ces deux témoins, à l'instar de leurs congénères d'intérieur mâles ou femelles, vivent ainsi en toute sécurité. Ils ne perçoivent de l'extérieur que son caractère inconnu et son insécurité. Ils vivent inévitablement en symbiose avec leur compagnon humain, au risque fréquent de dépendre affectivement de lui et de devenir exclusifs. Les chats en colocation[1] ont une vie quotidienne plus animée du fait de la relation sociale permanente avec un congénère.

Ces chats agrandissent leur territoire en intérieur : les paliers, les cages d'escalier et les appartements voisins peuvent devenir les espaces d'échappées sécurisés.

Malgré tout, la limitation de l'espace peut s'avérer une entrave à l'assouvissement de leurs besoins de mouvements et d'élimination. Car les chats, capteurs des charges énergétiques négatives, ont besoin de les éliminer. Cassiopée m'expliqua un jour ceci :

> **« Dormir sur les lieux faibles en énergie nous permet d'éliminer la charge énergétique que nous récupérons auprès des hommes. »**

---

1. voir le chapitre « La vie sociale », page 95.

Ainsi, la sédentarité ne leur permettant pas de trouver une catharsis, certains développent une pathologie ou un trouble du comportement. C'est le cas, entre autres, de Bart, qui explique :

> **« Il y a trop d'énergie négative dans cet appartement. Je n'arrive plus à m'en décharger. Je ne peux pas absorber toutes ces énergies négatives et j'en suis saturé. Je fais ce que je peux pour m'en libérer. Alors, je griffe les humains à ma portée. »**

En outre, certains se plaignent du manque d'air frais, comme Kawaï qui se plaint « de ne pas supporter les fumées de tabac et d'encens », ou comme Bart qui se plaint « d'énergies stagnantes ».

Sans remettre en cause leur vie en intérieur, ces chats expriment néanmoins la nécessité de trouver des solutions substitutives leur permettant de se défouler ou de se décharger.

L'EXTÉRIEUR, OBJET DE CONVOITISE

L'extérieur est LE sujet préféré des chats pouvant potentiellement ou réellement y accéder. Ceux qui habitent en rez-de-jardin sans y avoir accès manifestent ouvertement leur besoin de goûter à l'air libre. Sans conteste, voir l'extérieur sans pouvoir y mettre une patte les amène à demander, à leur façon, à SORTIR.

Les timides, comme Hélios, bien que pressés par leur curiosité, n'y consentent qu'à pattes de velours :

> **« Oh, je me rends bien compte que dehors ce n'est pas aussi tranquille qu'à la maison. Si je sors, je me ferai très discret et personne ne me verra. Je me posterai juste à côté pour**

observer ce qui se passe, observer "qui, quoi, quand, où[1]". Je me ferai invisible aux regards. »

Les mauvaises expériences du passé peuvent également freiner cette envie :

« Je ne suis pas sûre de vouloir passer de longues heures dehors. Car je ne me suis pas remise du danger que j'ai encouru à l'extérieur. Dehors, c'est trop de stress ».

C'est ce que déclare en hiver Princesse qui, l'été arrivé, ne se lassait plus de l'extérieur en dépit de la route très empruntée devant chez elle !

D'autres, à l'instar de Io, Berlingo et Merlinou, clament ouvertement leur ennui, leur envie de sortir et leurs besoins. Pour donner quelques exemples des stratégies mises en œuvre pour manifester l'insatisfaction d'être enfermés, Io miaulait devant la porte, Merlinou arrachait les tapisseries et Berlingo urinait partout. Ils disent :

« Je regarde la nature. D'où je suis, je vois les oiseaux. C'est tentant, les oiseaux. C'est trop petit ici. J'ai besoin de courir, de gambader, de découvrir, d'aller à droite et à gauche. »

« L'intérieur ne m'intéresse pas. Je m'y ennuie profondément. C'est sans bruit, sans vie, sans nuit. »

« Où est la sortie ? C'est quoi, ce bazar ? Je suis encore enfermé. Mais quand comprendront-ils que je veux sortir ? Ma vie est à l'extérieur, non à l'intérieur. J'ai besoin de m'activer, de gambader, de sauter, de bondir, d'exercer mes muscles. »

1. Par ces adverbes, Hélios démontre son observation d'une situation : « Qui » passe « où » ? « Quand » passe-t-il et « que » fait-il ? Les chats sont des analystes innés !

Et fi d'un carré de pelouse ! Merlinou, qui a accès à un jardinet, refuse de s'en contenter :

> **« Dans ce petit jardin, il n'y a l'espace ni de courir ni de bondir. À quoi rime un dehors qui ressemble à un dedans ? »**

Maïa-Râ est un chat d'appartement avec jardin privatif. Ses commentaires illustrent parfaitement les tentations de l'extérieur, les craintes et les précautions des premières sorties jusqu'à la satisfaction de se sentir enfin libre et de mettre en œuvre son potentiel de chat. Au fil des communications établies en six mois, nous comprenons la progression de sa réflexion et de son comportement vis-à-vis de l'extérieur.

1re communication – H. s'interroge sur le regard curieux que Maïa-Râ porte sur l'extérieur :

> **« L'extérieur ? Je n'y suis pas prêt. J'ai besoin d'apprentissage sur ce point. Je ne connais pas l'extérieur hormis depuis la fenêtre. »**

2e communication – Maïa-Râ reste sur le pas de porte :

> **« J'ai très envie de sortir, mais je ne suis pas très à l'aise. J'ai besoin d'acclimatation avec l'environnement hors de la maison. L'idéal serait que la porte ou la fenêtre soit ouverte afin qu'à mon rythme, je puisse m'aventurer dehors. Ainsi, j'irai dehors quand je me sentirai rassuré et prêt. En réalité, je trépigne d'impatience à l'idée de sortir, mais je manque de confiance. »**

3e communication – Maïa-Râ est sorti en laisse exclusivement :

> **« Je m'ennuie, je m'ennuie. J'aimerais que H. entende que je m'ennuie. Je m'ennuie dans cette maison, je n'ai aucun**

compagnon et je ne peux rien partager. L'extérieur est là, à portée de regard et de pattes. Je veux être libre. Je veux pouvoir gambader à ma guise. J'ai tellement envie de rencontrer le chat qui vient dans mon jardin. J'aimerais que H. me fasse confiance et me laisse sortir seul. J'ai besoin d'entrer et de sortir librement. »

4e communication – Alors que Maïa-Râ est libre, H. s'interroge sur sa prudence :

« Il est normal que je sois prudent au début pour étudier mon environnement et prendre des repères. Cela ne signifie pas que je suis mal à l'aise ! Maintenant, je connais mon jardin ainsi que les alentours. J'ai déjà des repères d'odeurs. Je ne suis pas un téméraire, je n'ai pas envie d'aller à des kilomètres. Néanmoins, j'ai besoin de sortir, d'humer l'air extérieur, les insectes et les autres chats. Ça, j'en ai besoin. »

5e communication – H. constate le bonheur de Maïa-Râ qui me le confirme :

« C'est fabuleux d'être dehors, d'aller et venir, de goûter à ma liberté totale. Je vais dans un lieu, puis je reviens pour repartir et je vais chez la voisine. J'essaye tous les accès, toutes les possibilités des environs pour assurer mon territoire par sécurité. Mais c'est aussi un vrai jeu pour moi. Je goûte et savoure cette joie intense chaque jour. »

6e communication – H. s'inquiète de voir Maïa-Râ revenir trop rarement dans son jardin :

« Comment ce jardin ridicule peut-il me convenir ? Je suis un chat ! »

L'EXTÉRIEUR, UN ÉLÉMENT DE BIEN-ÊTRE

Certaines associations de placement de chats incluent dans leurs conditions d'adoption le contrôle de sortie des chats, par exemple en cloisonnant totalement le jardin. Ces « clauses » sont-elles légales ? Très clairement, elles ne prennent pas en compte les spécificités de chaque chat et imposent des règles en contradiction avec le bien-être requis par l'animal.

En effet, vivre en extérieur répond à de multiples besoins primaires et secondaires : assouvir les besoins de relations sociales et charnelles, exercer ses capacités physiques, étendre son territoire, chasser – au moins pour le plaisir[1] –, se décharger des énergies captées en intérieur, etc. L'extérieur permet aussi des apprentissages : s'orienter, marquer son chemin, repérer les territoires de circulation et les territoires privés, se défendre ou affirmer sa domination, se trouver des lieux de sécurité, etc. Ceux qui fréquentent l'extérieur, mâles ou femelles, l'expriment très clairement.

Titou :

> **« Je n'aime pas être enfermé. Aller et marcher est atavique. J'ai besoin de cette liberté. Je ne veux pas rentrer, je préfère rester vivre dehors, dormir dehors. Vivre dehors, quel bonheur ! Je veux des vraies souris et des vrais chats et des vrais oiseaux. »**

Kikiane :

> **« Instinctivement, je vis dehors. Ma vie est dehors. Ma vie se joue dehors. Dehors est un appel impulsif que je ne contrôle pas. »**

1. Voir le chapitre « L'alimentation », page 115.

Maïa-Râ

« Dehors » est essentiel à leur bien-être. Accéder à l'espace extérieur ne signifie pas pour autant rejeter leur foyer. Au contraire, Maïa-Râ et Merlinou précisent que cet extérieur leur permet d'apprécier l'intérieur à sa juste valeur :

> **« J'aime mon intérieur et j'aime l'extérieur. Ici, c'est ma maison, mon point d'attache et de sécurité. Je ne m'en éloignerai pas beaucoup. Je ne veux pas d'une niche dans le jardin qui viendrait en remplacement de l'intérieur. »**
>
> **« Sortir gambader, c'est super. C'est la liberté de faire ce que je veux quand je veux. J'avais besoin de me sentir libre pour me sentir bien chez moi, à l'intérieur. »**

La chatte semi-domestique Kikiane se réjouit d'avoir trouvé un refuge :

> **« Dans cette maison, j'ai trouvé une sorte de compromis entre ma vie instinctive et une sécurité. Quand je n'ai pas trouvé à manger dehors, je sais que je n'aurai pas faim en rentrant. »**

Il serait tentant de penser que si les chats s'amusent à l'extérieur, l'intérieur du foyer serait leur unique havre de sécurité. C'est notre vision humaine de la situation. La leur indique bien souvent que l'extérieur est également source de sécurité.

L'EXTÉRIEUR, UN ÉLÉMENT DE SÉCURITÉ

Celui qui a connu l'extérieur ne pourra plus s'en passer, à moins d'avoir vécu un gros traumatisme ou d'être une vieille minette lassée de subir les assauts réguliers et répétés des matous. Ceux-là trouveront en intérieur la sécurité et la tranquillité recherchées. À ces exceptions près, si l'accès vers l'extérieur est fermé, l'homme est rapidement regardé comme un

bourreau de chat. Une chatte qui met bas en intérieur finira l'éducation de ses chatons en extérieur, où elle trouvera une cachette adaptée à leur âge et à leurs apprentissages. Avoir libre accès à l'extérieur est rassurant, car contrairement à ce qu'on pourrait penser, nombreux sont ceux qui, comme Princesse, Capucine et Cosmos, trouvent leur sécurité également à l'extérieur.

Princesse :

> **« Avoir accès à l'extérieur me rassure, car je sais avoir une porte de sortie. »**

Capucine :

> **« Je suis à nouveau enfermée et je n'aime pas ça. J'aime être libre. La liberté me rassure, car libre, je me fie à mon**

instinct pour aller me cacher et me protéger. Dans ma liberté, je décide d'aller vers les humains que je choisis. »

Cosmos :

« Lorsque H. était seule, j'étais bien en intérieur. Maintenant, je préfère rester en extérieur. »

Nous, les adoptants, sommes naturellement – et heureusement – protecteurs à l'égard de nos compagnons à quatre pattes. Nous avons néanmoins tendance à l'anthropomorphisme en craignant que notre protégé ne sache pas revenir à la maison[1], voire qu'il attrape froid. Les chats ont parfaitement conscience de leur environnement climatique et géographique et ils le gèrent selon leurs limites personnelles. Ce que nous confirme Néo :

« Je me fiche de la pluie. Je ne suis pas idiot, si j'en ai marre ou si je n'aime pas, je rentre. »

Aucun chat n'aime rester indéfiniment sous la pluie, pourtant ils ne la craignent pas, et la recherchent même. Ils aiment boire l'eau de pluie fraîche. La pluie les aide à nettoyer leur pelage et à éliminer leur charge énergétique. Empêcher un chat de sortir sous la pluie, ou pire le couvrir d'un vêtement n'est pas respectueux de ses besoins naturels.

On pourrait croire que la vie en intérieur et celle à l'extérieur sont bien délimitées. Au contraire, elles sont intrinsèquement liées. Avez-vous essayé d'empêcher un chat d'accéder à son extérieur ? Il mènera un tapage infernal jusqu'à ce que la porte s'ouvre ou jusqu'à l'évasion par une fenêtre. À l'inverse, avez-vous essayé de déloger une chatte de son

1. Voir le chapitre « Retrouver son chat "disparu" », page 223.

radiateur pour la faire sortir par 0 °C ? Ses 3,5 kilos se transforment en tonnes. Avez-vous déjà aperçu le regard de ces chats qui, allongés en rond sur le pas de la porte de la maison, attendent son ouverture alors que l'hiver sévit ? Ou encore le regard de ces chats attachés à un foyer, mais dont l'intérieur leur est désormais interdit ? Ce regard est d'une tristesse insoutenable.

Aujourd'hui, priver un chat domestique de l'extérieur ou de l'intérieur, c'est le priver d'un bien-être total.

PREMIÈRES SORTIES : *mode d'emploi*

Vous êtes adoptant d'un chaton ou d'un adulte qui n'a jamais mis une patte à l'extérieur avant votre jardin ? Voici un mode d'emploi qui lui permettra de s'y sentir à l'aise et d'éviter de se perdre lors de ses premières sorties.

Lors de l'éducation des chatons, la mère les emmène à l'extérieur et leur inculque les fondamentaux de la gestion de leur environnement: marquer son chemin pour savoir revenir, s'orienter, repérer les odeurs des prédateurs et s'en cacher. Cet apprentissage se fait par le jeu et dans la joie. Les chats jouent plus et explorent plus quand ils sont en présence de leur figure d'attachement que s'ils sont seuls ou en compagnie d'un étranger.

Si cette phase n'a pas eu lieu, il vous revient de jouer la « mère » en quelques étapes :

Étape 1 : Aménagez le rebord d'une fenêtre pour que votre chat regarde ce qui se passe à l'extérieur.

Étape 2 : Lorsque vous sortez, laissez la porte entrebâillée afin qu'il puisse sortir son museau et sentir les odeurs. Installer des obstacles à proximité de la porte pour qu'il se sente « invisible ». Encouragez-le à sortir. Respectez des temps de silence pour lui permettre d'entendre les bruits du jardin.

La plupart du temps, le chat met une patte dehors, s'assoit et reste là. Il observe, écoute et fait du repérage. Respectez ce temps d'observation et d'apprentissage. Ne le brusquez pas en le mettant au fond du jardin dès le premier jour. Il en sera terrifié, car il n'aura pas assuré son chemin et pourra fuir dans une direction inappropriée.

Si le jardin du voisin est occupé par un chien, occultez la limite de propriété pour que votre chat se sente chez lui. Cela lui permettra d'observer le comportement du chien, sans être repérable.

Étape 3 : Lorsqu'il se montre prêt à s'aventurer, marchez dans votre jardin et répétez l'opération plusieurs jours. Lorsqu'il commence à vous suivre, longez la clôture de votre jardin en lui expliquant que ce sont les limites de sa zone de sécurité. Répétez l'opération. Allez et venez de la porte vers le fond du jardin, car un chat a besoin de garder un repère de sécurité. Laissez-le renifler sols et plantes, il y posera sa propre odeur. Le chat est un petit poucet: il laisse derrière lui ses phéromones en frottant le museau ou les reins. S'il ne le fait pas spontanément, encouragez-le à se frotter partout. Chez les mâles, le principal marquage se fait par l'urine. Si votre mâle ne le fait pas spontanément, n'ayez crainte, il en prendra l'habitude dès qu'il verra un congénère agir ainsi. Les chats se copient entre eux: mode de marquage, chemin emprunté, mode de chasse, etc. Un chat qui trouve un modèle évolue plus vite qu'un chat qui n'en a pas.

Étape 4 : Faites-le jouer souvent dans le jardin avec une ficelle, une mini-balle, etc. Cela l'aidera à prendre confiance en lui et en vous, et à marquer son terrain.

Étape 5 : Expliquez-lui qu'au-delà de son jardin, sa sécurité n'est plus assurée sinon par lui-même. Rappelez-lui de bien marquer son chemin et de faire du repérage en toute sécurité, de préférence la nuit lorsque les activités humaines et canines sont réduites. Cela lui permettra de rentrer rapidement en cas d'urgence. Lui expliquer le danger que représentent les voitures et parfois les humains qui peuvent vouloir l'attraper pour l'emmener loin de la maison. L'été, d'autres dangers guettent: les piscines découvertes ou mal bâchées, les cabanons aux portes refermées la veille des départs...

Côté insectes, interdisez-lui de jouer avec ou de croquer abeilles, guêpes, frelons, serpents et désormais les chenilles processionnaires. Selon votre région, prévenez votre chat que d'autres animaux peuvent être porteurs de poison.

Étape 6 : Faites-lui confiance. Un chat heureux dans son foyer y revient toujours.

LUI APPRENDRE À GÉRER LA ROUTE

Un chat développe son territoire en rayonnant autour de son centre de sécurité. Il est inévitablement tenté d'aller de l'autre côté de la rue.

Comment lui expliquer la gestion des voitures et des routes ? C'est simple, il suffit d'appliquer exactement la même méthode qu'à un enfant ! Voici ce que vous pouvez lui dire en regardant tout cela depuis une fenêtre ou le jardin :

- Le trottoir est un lieu d'évolution sécurisé, mais de préférence, progresse dans les jardins.
- Évite la rue, car les voitures peuvent irrémédiablement porter atteinte à ta santé.
- Au pire, traverse toujours sur les passages à rayures blanches et au feu rouge.

Si, si, je vous assure. Néo marchait sur le trottoir et dès qu'arrivait une voiture, il filait se cacher dans les jardins. S'il devait traverser, il le faisait sur les passages piétons.

- Sur la route, les voitures circulent dans les deux sens. Avant de traverser, écoute et regarde d'abord à gauche, puis à droite. S'il n'y a aucune voiture, alors tu peux aller visiter le jardin d'en face.

- La nuit : les voitures font du bruit et émettent de la lumière. Sois attentif aux bruits émis par les voitures ou les motos et à leurs lumières.
- Les bicyclettes : il existe également des engins à deux roues qui ne font pas de bruit. Les cyclistes circulent moins vite qu'une voiture, mais peuvent néanmoins te blesser.

Lui préciser *in fine* qu'il vaut mieux éviter la route et, au pire, ne s'y aventurer que si elle est déserte et, au moindre bruit, se réfugier dans un jardin.

Comme avec les enfants, ne pas hésiter à répéter et à répéter l'information, surtout si vous voyez que votre chat a un tempérament inattentif ou à ne faire « que ce qui lui plaît ». Les chattes lofées, habituées à être choyées, adulées et pouponnées, peuvent être inconscientes de ces dangers et se faire percuter plus facilement. Si votre chat est de l'autre côté de la route, rejoignez-le tranquillement sans l'appeler ni le solliciter, afin qu'il reste concentré sur sa situation. Il sera alors temps de le prendre dans vos bras pour le ramener en toute sécurité.

Un chat averti en valant deux, mieux vaut qu'il soit tenu informé de ces dangers qu'il gérera en conséquence. Enfin, après toutes ces explications répétées, faites-lui faire confiance, car le chat est un animal qui sait gérer son environnement.

Il n'en demeure pas moins que de nombreux chats meurent accidentés. Leur a-t-on suffisamment donné d'explications ? Étaient-ils sous stress ? Ou était-ce leur heure ?

Le territoire

« Toute société a besoin de trouver un équilibre entre les mobiles égoïstes et les mobiles sociaux. »

Frans de Waal

Les chats ont la réputation d'être des animaux territoriaux, à savoir qu'ils ont besoin d'un territoire réservé. Le territoire leur permet avant tout de subvenir aux besoins primaires que sont la sécurité, l'alimentation et les déjections. Il est donc crucial, sinon vital, d'en posséder un et de le défendre. Mais que représente précisément ce territoire et quelles sont ses limites ?

LE TERRITOIRE, UN ESPACE DE VIE PERSONNEL

Pour nos chats de compagnie, l'espace intérieur du domicile d'accueil et tous les espaces occupés par son adoptant – jardin, dépendance, maison secondaire, etc., autrement dit le foyer – constituent le premier niveau de territoire. Cela est d'autant plus vrai pour les chats « uniques » qui ont pris l'habitude d'évoluer seuls, tandis que les chats colocataires sont plus partageurs tant en intérieur qu'en extérieur.

Ceux qui sortent librement accèdent à un second niveau de territoire : celui des espaces visitables et à conquérir. Car, pour les mâles entiers, le maintien et l'élargissement de ce territoire est un enjeu majeur.

Les « titres de propriété » s'affichent par l'apposition quotidienne de son odeur, notamment sur les chemins de circulation et sur les zones frontalières. Marquer son odeur impose de se frotter[1], de griffer, d'uriner, de larguer quelques phéromones ou encore d'aller manger dans la gamelle du voisin. Les lieux ainsi parfumés permettent au congénère d'identifier l'auteur du message - genre, identité, stérilisé ou non - et l'heure de son passage. Tous les chats d'un quartier vaquent ainsi, sans conflit et à leur guise, à condition de respecter les codes sociaux, les routes de circulation et les territoires partagés.

Le territoire est donc à la fois intérieur et extérieur. Lors d'une intrusion indésirable, la défense de celui-ci peut être assidue et sonore ou, à l'inverse, silencieuse et par « marquage à la culotte ». Mâles et femelles savent aussi bien défendre leur pré carré, même si les premiers s'affirment plus facilement que les secondes. Ce qui n'empêche pas certaines femelles d'affirmer leur besoin territorial, telle Naïs, une femelle stérilisée qui déclare :

> **« Je veux être tranquille dans mon jardin. Je ne veux aucun autre chat. »** ***Tu as le sens du territoire affirmé !*** **« C'est comme ça ! C'est écrit dans ce terrain. C'est l'énergie qui y est. »**

Ou telle Umi, une chatte d'extérieur, qui voit son espace envahi par les humains dès le printemps arrivé :

> **« Les hommes prennent de la place dans leur jardin, ça restreint mon territoire. »**

Un territoire peut être perdu au profit d'un chaton, d'un mâle plus coriace, ou pour d'autres motifs encore. Dans ce cas, le détenteur peut déprimer ou décider de le quitter définitivement[2].

1. Les glandes sébacées sont situées sur le front et à la base de la queue.
2. Voir le chapitre « Les motivations au départ », page 209.

Sans que l'adoptant n'en comprenne la cause, certaines mères, dont un ou plusieurs chatons ont été conservés, désertent leur foyer[1], et en l'occurrence, leur territoire. Voici ce que Charente et Chipie en disent :

> **« Ici, c'est mon territoire et pas celui de mes chatons. »**
>
> **« Ici, c'est mon refuge, ce n'est pas chez moi. Mais je ne retournerai pas vivre chez moi. Ce ne peut plus être mon territoire puisque mes chatons l'occupent. »**

Leur territoire étant désormais occupé par leur progéniture, pourtant en âge de le quitter, ces mères ont décidé de le fuir. Ce comportement n'est pas systématique, mais fréquent. Sachez qu'en gardant un chaton de votre chatoune préférée, vous risquez de la voir s'en aller.

Ainsi, le territoire a des frontières variables régulièrement remises en cause et est soumis à la concurrence. Ce territoire farouchement défendu est aussi sujet de partages et de rencontres sociales.

TOLÉRANCES ET MUTUALISATION DE TERRITOIRES

En effet, les félins savent partager des territoires en toute intelligence sociale. Deux scientifiques, Sarah Ellis et John Bradshaw[2], ont démontré que les chats d'un même quartier savaient mettre en commun un espace extérieur. Ils appliquent le temps partagé afin d'éviter les conflits inutiles. Pour cela, ils le fréquentent tout simplement à des horaires différents : pendant que 10 % des chats se promènent simultanément à l'extérieur, les 90 % restants dorment paisiblement à l'intérieur.

1. Voir le chapitre « La maternité », page 145.
2. « *The secret life of the cat* », Helen Sage, BBC, 2013. Visible sur http://www.dailymotion.com/video/x10w49m_the-secret-life-of-the-cat-1-2_shortfilms.

En outre, les scientifiques ont aussi remarqué que les chats colocataires pratiquent l'exercice inverse, à savoir qu'ils occupent en même temps leur territoire, qu'il soit intérieur ou extérieur.

C'est également ce qui se constate dans les zones vertes communes, telles que dans les résidences ou en ville, dans les espaces préservés des voitures. Les chats du quartier s'y rassemblent et paraissent entretenir de longs échanges publics. Sur ces « agoras », les chats entretiennent, de façon manifeste, des relations sociales extrêmement développées quand bien même elles seraient hiérarchisées.

En ce cas, la notion de territoire viendrait-elle naturellement s'effacer devant un autre critère essentiel, celui des relations sociales ? Voici ce que dit à ce sujet Zouzou, un chat errant arrivé auprès d'un foyer de colocataires :

> **« Je n'ai pas besoin d'être tout le temps sur ce terrain. Je n'ai pas l'intention de prendre leur place. Je veux juste profiter du bien-être et de l'accueil que je ressens ici. »**

Serait-ce un effet induit de la stérilisation ? Les chats stérilisés, n'ayant plus nécessité de se battre pour les femelles, favoriseraient-ils plus les relations sociales que la défense de leur territoire ?

Pourtant, les attroupements de chats ne datent pas de leur stérilisation. Il suffit de prendre en exemple les groupes de chats dans les fermes ou dans les villages de campagne. Ceux-là ne sont pas stérilisés. On les voit accroupis, assoupis, dans l'attente de leur chasse nocturne ou d'une soucoupe de lait, les uns proches des autres, les chatons dans un petit recoin. Ces comités naturels pourraient confirmer leur inclination pour les relations sociales et le soutien mutuel plutôt que pour les batailles liées à la hiérarchie ou à la défense de leur territoire.

Au regard du nombre de chats écoutés, rares sont ceux qui m'ont parlé de leur territoire. *A contrario*, une très large majorité a évoqué son attachement à leurs compagnons humains et à leur foyer. Et cette majorité a longuement disserté sur eux[1]. Lorsque leur compagnon humain les emmène en « vacances », ils s'y adaptent plutôt bien, à condition qu'ils y trouvent un espace sécurisé.

Les conditions d'adoption ont modifié la notion de territoire. La sécurité et l'alimentation étant désormais fournies par les adoptants, le territoire ne serait plus uniquement une question de lieu. La notion de territoire se serait déportée sur les liens tissés à l'intérieur du foyer.

1. Voir le chapitre « Que savent-ils de nous, leurs adoptants ? », page 71.

La maternité

« Comme si la femelle avait appris au cours des semaines passées avec les petits qu'il y a aussi un gain, un bénéfice émotionnel dans cette relation pour celle qui donne les soins, qui apporte la protection et la base de sécurité. »

Claude Béata

Quelques jours après la naissance, les sens du chaton s'éveillent progressivement et lui permettent de s'attacher à sa mère. Le chaton dépendant totalement d'elle pour sa survie, il ne la quitte pas pendant ses deux premiers mois.

Que représente pour les mères cette période si contraignante qu'est la maternité ? Les mères répondent-elles uniformément et uniquement à ce que nous appelons l'« instinct maternel » ? Sont-elles toutes égales devant la maternité ? Ressentent-elles un même attachement pour leurs petits ? De quoi ont-elles besoin pendant cette période exigeante ? Enfin, comment s'organise la séparation alors que les petits n'ont que 3 mois ?

LA MATERNITÉ, UNE ÉPROUVANTE PÉRIODE HEUREUSE

Quels que soient la vaillance et le dévouement de la mère, quels que soient l'attachement et l'attention portée aux petits et quel que soit leur nombre, la maternité est d'un commun accord une période éprouvante.

L'aventure de la maternité est résumée en trois courtes phrases par Penny :

> **« Je suis heureuse, mais vivement la fin. Nourrir tous ces chatons est épuisant. J'irai volontiers faire une sieste seule. »**

Toutes les chattes entendues sur la maternité soulignent ces points – le bonheur, l'épuisement et le besoin de prendre un peu de bon temps pour soi-même – à des degrés différents bien entendu. La première portée, plus que les suivantes, peut s'avérer une expérience difficile. Minouchette, âgée de 18 mois, a eu 3 chatons et juge cette maternité pénible :

> **« Les chatons sont un dur labeur. La mise bas a été pénible. J'ai cru ne pas y arriver. Je me suis sentie un peu seule durant les premiers temps de l'allaitement. »**

Même après plusieurs portées, certaines, à l'instar de Chartreuse, semblent ressentir toujours autant de fatigue :

> **« Je serai contente que cela se termine, car c'est une lourde charge. Qu'est-ce que ça pompe, les chatons ! Je suis fatiguée. Ils boivent beaucoup de lait. J'ai besoin de sortir, de prendre du temps pour moi. »**

À l'inverse, Kikiane, une chatte autonome, s'avère une mère modèle auprès de cette énième portée de trois chatons :

> **« Je suis heureuse d'avoir mes chatons. Je suis bien. Leur vie m'est précieuse. Je prends soin d'eux et de leur santé. »**

Elle dédie ces quelques semaines à ses chatons et ne fait aucune référence à sa fatigue. On peut envisager que son tempérament maternel et son expérience lui rendent la tâche plus agréable.

La pénibilité de cette charge tient au fait de devoir tout assumer en même temps :

> **« La maternité, c'est compliqué : d'un côté, nourrir et surveiller les petits. De l'autre, me nourrir, chasser et trouver le temps de dormir. Je dois les toiletter souvent. Ils ne le font ni encore sur eux, ni entre eux »**, dit Eol, une chatte vivant à la campagne, qui apprend sur le tas à gérer cette première portée.

Tout autant que certaines mères s'échinent à éduquer leurs chatons, il existe également l'exact inverse. Certaines chattes rejettent d'emblée leur progéniture. N'ayant moi-même pas eu à écouter ce type de chatte, j'aimerais rapporter le témoignage du grand psychanalyste Fred Tavano[1].

> **« À force de se balader la nuit dans la nature, voilà-t-y pas qu'un beau matin d'automne, elle nous pond, juste à côté de son coussin auprès du poêle où elle finissait sa nuit, un minuscule chaton. Tout émus, on se précipite à qui mieux mieux pour récupérer la bestiole et l'installer au chaud à côté de sa môman. Qui s'en foutait complètement et vaquait à ses affaires. À je ne sais combien de reprises dans la journée, on le réinstalla en le couvrant, en lui tendant des doigts ou des trucs mouillés de lait. À chaque fois, dès que la mère revenait, elle le virait et reprenait sa place. Mais quand vint la nuit, il fallut bien s'aller coucher en expliquant à la mère indigne que c'était à elle de prendre le relais et on condamna la chatière… Quand je revins m'enquérir au tout petit matin, mon amour de chatoune dormait, confortablement couchée en rond au milieu du coussin tandis qu'à côté, sur le marbre du sol, gisait un pauvre petit bout de barbaque tout froid. »**

Il est impossible de forcer une mère à accepter le fruit de ses entrailles. Comme à l'inverse, on ne peut empêcher une chatte d'élever et de préserver ses chatons. Longtemps, les portées de chatons étaient purement et simplement noyées par les hommes. Sur ce point, les chattes comprennent vite lorsqu'elles ne peuvent pas avoir confiance en leur foyer et partent mettre bas dans un lieu tenu secret. Elles ne ramènent leurs chatons qu'une fois totalement sevrés, dans l'espoir,

1. Également auteur de *Safari au Dahu ou la psychanalyse démythifiée*, L'Harmattan, 2003.

cette fois-ci, qu'ils ne soient pas tués. Heureusement, de nos jours, la plupart des foyers humains entourent la mère chatte.

LE FOYER HUMAIN, UNE SOURCE DE SÉCURITÉ, DE SOUTIEN ET DE CONFORT

Toutes les chattes ici citées sont soutenues par un foyer humain aimant et aidant. Les unes et les autres reconnaissent le soutien, le confort et la sécurité que leur procure cet environnement humain.

Scottie, la première, savoure sa maternité dans ces conditions :

> **« J'aime bien avoir des bébés. C'est agréable, la maternité. Ici, tout est mis à ma disposition. Je n'ai aucun effort à faire. Je profite pleinement de mes chatons pour les nourrir et les toiletter. Je suis rassurée, car je les sais en sécurité. Je prends beaucoup de temps pour moi. Je n'ai ni inquiétude ni stress. »**

Eol, qui trouve compliqué de gérer simultanément son alimentation et celle de ses chatons, est soulagée de les savoir en sécurité :

> **« Heureusement, au début, je n'étais pas seule. Les savoir en sécurité me permettait de dormir. Sans H., la maternité aurait été longue et difficile. Sans doute n'aurais-je pas pu garder mes trois chatons. Aujourd'hui, ils ont survécu tous les trois. »**

Bien que se plaignant de la fatigue que cela génère, Chartreuse s'applique consciencieusement à l'éducation de ses petits, car elle sait qu'elle peut prendre des moments pour elle :

> **« Les chatons demandent beaucoup de soins et d'attention. Je dois les surveiller, car ils commencent à fouiner un peu**

partout. Je n'y arrive pas toute seule. Dans cette maison, je suis sereine. Quand mes compagnons humains s'occupent d'eux, je peux me détendre et me relaxer. Ouf, je suis relevée de mes charges. »

La chatte autonome Kikiane s'est réfugiée auprès d'un foyer humain essentiellement pour assurer la sécurité de ses chatons. Elle-même n'a pas l'intention d'y demeurer :

« Je sais que ce lieu est une sécurité pour mes chatons. Je suis heureuse de l'avoir trouvé pour les y confier. Mais ma méfiance naturelle me freine. La confiance n'existe pas dans la nature. Je veux rester indépendante de ce lieu, sans y laisser d'attaches. »

De toute évidence, les mères chattes se reposent sur leur foyer humain pour prendre du repos, notamment les six premières semaines. Grâce à ce soutien et à la sécurité procurée, la portée entière survit. On devine aisément que, dans un environnement naturel, une mère isolée puisse avoir des difficultés à prendre soin et à nourrir chaque individu de sa portée, d'autant plus si elle est primipare[1]. À l'état sauvage, tous les chatons d'une portée n'ont pas la chance de survivre. Ils peuvent être emportés par les prédateurs, la maladie, ou même être victimes de l'incapacité de la mère à les nourrir tous. Une mère compterait ses chatons à partir de deux jours après la naissance. C'est seulement alors que son attachement maternel débuterait. Cela pourrait signifier que l'attachement maternel tient compte des aléas des premières heures de la vie[2].

1. Chatte qui a sa première portée.
2. Claude Béata, *Au risque d'aimer. Des origines animales de l'attachement aux amours humaines*, Éditions Odile Jacob, 2013.

Bien des mères s'installent à proximité des hommes afin d'assurer la sécurité de leur progéniture. Elles comptent aussi sur eux pour recevoir un complément alimentaire.

L'ALIMENTATION D'UNE CHATTE ALLAITANTE

Les chattes allaitantes ont besoin de lipides, c'est-à-dire de corps gras, en quantité nettement supérieure aux périodes normales, afin d'assurer leur production de lait comme leur propre subsistance. En général, les proies de la chasse peuvent leur apporter les lipides nécessaires. Encore faut-il que la mère ait l'opportunité de chasser, tant en termes d'accès à l'extérieur que de temps disponible pour sortir. C'est l'option choisie par Eol qui se dit contrainte d'aller chasser :

> **« La nourriture proposée ne m'apporte pas assez de graisses. Je suis obligée d'aller chasser. »**

Chartreuse, chatte d'intérieur, réclame une nourriture substantielle :

> **« J'ai besoin de gras, de lait et de viande. »**

Et Minouchette a tant insisté sur le fait qu'elle manquait de corps gras que l'on peut sérieusement envisager que cette carence soit à l'origine de sa fatigue :

> **« Je suis fatiguée, éprouvée. J'ai besoin de reprendre des forces. J'ai besoin de manger plus en quantité et surtout plus de graisse. Je manque de gras. J'ai besoin de plus de gras, j'ai un grand besoin de beurre et de graisse. »**

Lorsque les chats ont un besoin important à satisfaire, ils répètent inlassablement l'objet de leur attente.

Eol, Chartreuse et Minouchette ne font qu'affirmer ce que certains adoptants constatent lorsqu'ils oublient de ranger le beurre : il disparaît par bouchées !

L'ACCOMPAGNEMENT DES CHATONS…

Lorsqu'on écoute ces mères, une évidence transparaît : elles se sentent responsables de leur progéniture. Elles leur procurent les soins élémentaires – espace sécurisé, nourriture et soins – puis, si possible, l'éducation à l'extérieur, qui comprend l'enseignement de la chasse, de l'orientation et de la survie.

Eol confirme qu'assurer l'éducation lui apparaît non seulement essentiel, mais que cela lui apporte également beaucoup de bonheur :

> **« C'est important pour moi d'accompagner un chaton dans sa croissance jusqu'à son terme. Ça me rend pleine. »**

Kikiane, elle, semble plus pragmatique :

> **« J'ai des chatons, c'est ainsi. Je m'adapte à ce qui m'arrive. Qu'ils aient été deux ou cinq, je les aurais élevés jusqu'à ce qu'ils n'aient plus besoin de moi. »**

Tandis que Chartreuse, fatiguée et lasse, vit cette seconde maternité comme une obligation :

> **« Bien sûr, je m'occupe d'eux tout le temps, mais c'est un peu trop. C'est une obligation pour moi, un devoir. Je veux bien concevoir et gérer des bébés, mais pas trop souvent[1]. »**

1. Voir le chapitre « La stérilisation », page 159.

Minouchette

Le vétérinaire Claude Béata[1] a longuement observé le comportement des mères chattes. Il constate que «*les conduites maternelles des chattes sont spectaculaires*» de par les capacités d'autonomie et de réactivité dont elles font preuve. Malgré tout, les niveaux d'implication demeurent disparates. Certaines mères s'investissent à 100 % dans leur rôle tandis que d'autres s'y attèlent avec moins d'entrain. Il remarque qu'elles «*semblent avoir beaucoup de plaisir à être au contact de leur progéniture*». Lors de la tétée, elles reproduisent la gestuelle de leurs chatons, qui pétrissent la mamelle tout en tétant: «*Elles ronronnent fort, les yeux mi-clos. Elles ouvrent et referment leurs pattes antérieures en extériorisant puis en rétractant les griffes.*»

Le mode de communication entre une mère et ses chatons est également spécifique. Les miaulements de détresse des petits sont très aigus, tandis que les mères entonnent des vocalises graves qui correspondent à une douce vibration, modulable selon les besoins.

Un chaton abandonné sera rapidement adopté par une mère expérimentée, alors qu'une mère primipare n'ayant pas l'expérience de la maternité refusera généralement d'alimenter un chaton extérieur à sa portée.

Claude Béata parvient à la conclusion que les chats naissent et se développent dans l'attachement, car ils en possèdent les circuits neuronaux.

... ET LE DÉTACHEMENT

Après cette période d'attachement, la mère va provoquer une autre étape importante: le détachement.

Prenons l'exemple de Minouchette, qui revendique fermement ce droit usurpé par les humains. Deux de ses chatons ont été placés à 2 mois.

1. Claude Béata, *op. cit.*, citations issues des pages 41 à 49.

Épuisée par la maternité, elle se sent ainsi plus à son aise et plus sereine, presque soulagée d'avoir deux bouches de moins à nourrir :

> **« C'est bien ainsi, car je manquais de forces pour les trois. Je suis toujours fatiguée et j'ai besoin de récupérer. Aujourd'hui, je n'ai plus à m'inquiéter de pouvoir nourrir mon chaton [restant] sans avoir à puiser encore dans mes réserves. »**

Toutefois, ses deux chatons lui manquent, car elle sent toujours le lien qui la rattache à eux :

> **« Je sens encore leur présence à mon ventre sur mes mamelles. J'ai un lien fort encore avec eux. J'apprécie ce lien. Je voulais les garder quelques jours de plus, car le lien à mon ventre n'était pas coupé. »**

Puis, Minouchette explique que, pour le bien-être futur du chaton, elle doit couper elle-même le lien affectif qui les relie. Si la séparation intervient avant la rupture du lien, alors le chaton le gardera actif. La conséquence en sera une prise d'autonomie plus tardive ou encore la création d'un lien d'attachement substitutif très fort :

> **« C'est à moi qu'il revient, le moment venu, de rompre le lien avec mes chatons. C'est à moi de dire "Maintenant, vous mangez ce que je vous donne par la bouche". En coupant le lien, je leur fais comprendre qu'ils doivent devenir autonomes et qu'un jour, ils devront me quitter. Et c'est à moi de dire "Maintenant, vous partez". C'est mon rôle de leur faire comprendre cela. »**

Claude Béata explique que le temps du détachement est variable : « Si la mère n'est pas enceinte, elle va garder les petits à son contact, tolérer et apprécier leur présence jusqu'à 3 mois et plus. En revanche, si elle

est en gestation, elle va provoquer très tôt le détachement et l'autonomisation des chatons. »

Chartreuse, fatiguée, est pressée de voir partir le chaton restant, d'autant plus qu'il en a l'âge :

> **« Je n'ai plus l'intention de m'en occuper encore. J'ai envie qu'il parte vite. »**

Scottie confirme le confort que procure le départ des chatons bien qu'elle en ressente un peu de tristesse :

> **« Je suis triste du départ de mon bébé, mais contente de ne plus avoir à m'en occuper. »**

Les adoptants tombent parfois sous le charme de la descendance de leur chatte préférée, d'autant plus s'ils ont participé activement à l'éducation des jeunes chatons. Certains décident alors d'en garder un avec eux au sein du foyer. Mais cet acte peut être à l'origine d'un conflit territorial[1] car la mère doit être disponible pour de prochaines naissances. Son rôle consiste à rendre ses chatons autonomes puis de les faire partir. Si ce départ n'a pas lieu, c'est la

1. Voir le chapitre « Le territoire », page 139.

mère qui risque de quitter le foyer. Si elle a été stérilisée entretemps, elle acceptera plus facilement la présence de sa progéniture. Si elle ne l'accepte pas, elle le fera savoir d'une manière ou d'une autre. Et, parfois, la mère accepte sans rechigner le maintien sur place de ses chatons : les fermes emplies de chats et de chatons le prouvent.

La maternité demeure une belle aventure épuisante et, avec l'expérience, les chattes apprennent à mieux prendre soin de leur progéniture. Toutefois, chez certaines, la fatigue peut supplanter la satisfaction et rendre les mères moins attentives, voire rétives. La stérilisation est-elle dans ce cas bienvenue ? Mais sans les mâles, point de naissance. Et eux, les mâles, qu'en disent-ils ?

La stérilisation

« Aujourd'hui, les chercheurs n'hésitent plus à proposer une véritable réflexion sur l'altérité, l'individualité et la personne animale. »

Karine Lou Matignon

« Franchement, cela ne m'amuse pas de stériliser de force des animaux qui n'ont rien demandé et qui sont sans doute très heureux entiers. Mais cela m'amuse encore moins de voir des humains tuer des chatons ou empoisonner des chats adultes. J'agis pour être en paix avec ma conscience. »

Lilianne, soigneuse de chats

Ces propos illustrent une part du débat sur la stérilisation des chats. En effet, dans certaines régions de France – et du monde –, les chats, en surpopulation, sont parfois considérés comme des animaux nuisibles par une certaine catégorie d'humains, qui n'hésitent pas à les empoisonner ou à les tirer au fusil bien que l'animalicide comme la maltraitance soient légalement condamnés en France. Les associations de sauvegarde des chats favorisent la stérilisation qui serait la panacée pour lutter contre leur prolifération, l'animalicide et la mort prématurée par bagarre ou accident.

À l'état naturel, les chats ont une courte espérance de vie, de l'ordre de deux à cinq ans. Une bonne partie meurt durant les premières semaines

par manque de soins maternels, victimes de maladies ou d'animaux de proie. En outre, les mâles, parcourant des kilomètres pour trouver les femelles, sont soumis à de nombreux dangers. Les bagarres entre concurrents engendrent des blessures dégénératives et facilitent la transmission de virus, dont certains sont mortels. Ainsi, à l'état naturel, seul un taux de natalité élevé permettait à l'espèce de survivre. Mais c'était avant que l'homme n'intervienne en réduisant drastiquement le nombre de prédateurs. Nous avons ainsi modifié les lois naturelles de la régulation. Désormais, non seulement le pourcentage de survie des chatons est bien plus élevé qu'auparavant – grâce aux soins humains et le quasi-abandon de la coutume de la noyade –, mais leur espérance de vie s'est aussi allongée pour dépasser les quinze ans. Aujourd'hui sans prédateurs – ou presque, car demeurent les chiens, les renards, les voitures, les produits toxiques et malheureusement aussi les hommes malintentionnés –, les chats prolifèrent naturellement à nos côtés. Dès lors, nous sommes contraints d'en gérer la conséquence : un nombre croissant de chats.

En France, les associations de sauvegarde et de placement des chats affirment prendre leurs responsabilités en imposant la stérilisation de leurs protégés. Dans le cas présent, le terme de « responsabilité » évoque une notion de convenance humaine : éviter la prolifération des chats au sein de notre société.

Certes, il est éminemment plus éthique et plus respectueux de stériliser un animal plutôt que de tuer ses descendants. Néanmoins, un « Entre deux maux, je choisis le moindre » est-il réellement satisfaisant ? En optant pour la stérilisation, nous nous contentons d'apporter une réponse humaine à une situation que nous avons nous-mêmes engendrée. La sauvegarde d'un chaton doit-elle nécessairement être subordonnée à sa stérilisation ? Que signifie le respect de l'intégrité de l'être vivant ?

Qu'en pensent donc les principaux concernés ? Comment vivent-ils la stérilisation ? Quel impact a-t-elle sur leur vie ? S'en satisfont-ils ?

UN QUASI-CONSENSUS ANTI-CASTRATION CHEZ LES MÂLES

De rares adoptants ont l'excellente idée de sonder leur protégé avant de les faire castrer. Les réponses sont mitigées.

Hélios, un chat timide de 6 mois et vivant de préférence en intérieur, se dit d'accord pour être stérilisé :

> **« H. m'a expliqué que j'allais être castré. C'est d'accord. »**

Est-ce son tempérament timide qui le fait acquiescer ? Ou bien est-ce parce qu'il vit majoritairement en intérieur ? Il serait inapproprié de poser ces postulats en préambule à la castration des mâles. Car Néo, à 6 mois, affectivement dépendant, et vivant aussi en intérieur, manifestait clairement l'exact contraire. À la moindre menace de castration, il redevenait sage comme une image. Et à l'âge de 1 an, il affirmait :

« Je ne veux surtout pas être castré. Je ferai tout ce que tu voudras plutôt que d'être castré. »

Quant à Sadhana[1], il a débarqué dans un nouveau foyer à l'âge de 5 mois. Dès son arrivée, il répondit ce qui lui convenait si bien :

« Je ne veux pas être stérilisé. J'en perdrai le sens de mon chemin. »

Tout autant qu'ils ont parfaitement conscience de leur santé[2], les mâles ont conscience des impacts de la stérilisation. Ils savent ainsi qu'ils vont perdre, au-delà de leur intégrité, un élément vital, un sens personnel… et ils n'hésitent pas à s'en plaindre après l'opération.

Balthazar vit essentiellement en extérieur même si son adoptante le rappelle à la nuit tombée. Il aime à défendre son territoire et envahit sans scrupule les terrains voisins. Questionné sur sa stérilisation, il en constate un désavantage :

« Quelle plaie, la castration ! J'ai moins d'allant et d'énergie. C'est plus dur de se battre. »

Yumba, un magnifique maine coon castré de 5 ans, se porte à merveille, vaque librement en « Roi » du quartier et possède quelques admiratrices chattes et humaines, plus nombreuses encore. Il ne manifeste extérieurement aucun signe de mécontentement. Pourtant, au-delà de son air bonhomme, il déclare :

« La castration porte atteinte à notre race de mâles marcheurs, libres et autonomes. »

1. Qui signifie « cheminement spirituel » en sanskrit.
2. Voir le chapitre « La santé », page 171.

Le maine coon est réputé pour ses capacités d'autonomie: c'est un excellent prédateur apte à parcourir tous types de terrain, même enneigés, grâce à ses larges pattes. C'est une race de chats libres habitués aux vastes territoires de l'État du Maine, aux États-Unis. On comprend mieux ainsi la complainte de Yumba. Bien que n'ayant pas apprécié d'avoir été castré, il s'en est de toute évidence fait une raison.

D'autres mâles n'acceptent pas aussi bien leur castration. Maïa-Râ, un maine coon croisé, a été choqué par sa castration à l'âge de 1 an. Peu de

temps après, il a développé une maladie urinaire et a perdu tout élan de vie. Les propos qu'il tint lors de la première communication exprimaient toute sa colère en des termes d'une rare précision:

> **« La castration m'a coupé l'envie de vivre. Avant, je me sentais chat. Et maintenant, c'est comme si on m'avait ôté mon identité. Les chats mâles s'affirment par leur odeur. Je n'ai plus mon odeur. Ça veut dire que je n'ai plus mon identité! Je suis vraiment très en colère contre cette opération. Pourquoi m'a-t-on castré? De quel droit? Pourquoi vous, les humains qui aimez les chats, acceptez-vous de les castrer? Où est votre capacité d'autonomie? Vous êtes castrés comme nous! »**

À la lumière des paroles de Maïa-Râ, on peut se sentir responsable et même coupable de faire supporter une telle opération à des êtres vivants qui y sont viscéralement hostiles. Maïa-Râ nous amène à réfléchir sur la signification du verbe «aimer». S'agit-il de faire ce que bon nous semble sous prétexte de le protéger – castré, le mâle courra moins la ville et vivra donc plus longtemps? Ou de respecter l'intégrité de l'animal justement parce que nous l'aimons et le protégeons?

Lorsque le mâle donne son accord, comme dans le cas d'Hélios, alors, oui, stérilisons sereinement. Mais que faire dans des cas similaires à celui de Maïa-Râ, à qui il est impossible de restituer son identité? À l'instar de Peter Singer, certains philosophes ont amené les hommes à réfléchir à l'éthique animale. Le respect du bien-être et de la liberté qu'ils prônent pour les animaux devrait inclure celui de l'intégrité sexuelle.

UNE OPINION DIVISÉE CHEZ LES FEMELLES : ACCEPTATION CHEZ LES FEMELLES INEXPÉRIMENTÉES

Les femelles opérées avant leurs premières chaleurs, vers l'âge de 6 mois, ne manifestent pas d'opposition à leur stérilisation. Elles avouent ne pas avoir d'envie particulière concernant la maternité. Elles ne saisissent ni la charge que représente une progéniture, ni les émotions qu'elles vivront en tant que mères. Comment peuvent-elles regretter ou être soulagées de la maternité sans en avoir vécu le processus ? De surcroît, nos modes citadins d'adoption entretiennent et maintiennent les chattes domestiques dans un état de dépendance infantilisante. Ont-elles envie de sortir de cette enfance perpétuelle en devenant mères ?

Capucine a été opérée avant ses 6 mois. Elle se déclare satisfaite de cette opération, car tout juste sortie de son enfance, elle avoue ne pas pouvoir se projeter :

> **« Je n'ai pas d'envie particulière concernant les chatons. Être stérilisée me convient bien. »**

Naïs réagit de façon similaire. Opérée avant ses premières chaleurs, elle n'émet aucune volonté au sujet de la gestation. En revanche, l'événement médical soulève sa colère :

> **« Je suis énervée et très mécontente. Pourquoi m'as-tu fait opérer ? Ne pas donner naissance ne me manque pas, tout simplement parce que j'en conçois difficilement les tenants et les aboutissants. Je sais en revanche que les suites de cette opération sont désagréables. »**

Ainsi, ne pas avoir expérimenté la gestation ne permet pas aux jeunes chattes de se positionner sur ce sujet. Elles se satisfont de la stérilisation et de la vie tranquille qui leur est promise.

Les chattes adultes, vivant en intérieur sans colocataire, évitent parfois cette opération. Elles sont en général choyées par leurs compagnons humains. Noor est dans ce cas. Chatte adulte d'intérieur, elle n'a jamais fréquenté de mâle. À l'interroger, elle déclare que le plus important est de rester auprès de sa compagne humaine. Elle s'insurge également contre une opération :

> **« Je suis comme je suis. Pourquoi veux-tu me faire opérer ? Je veux bien avoir des bébés, mais à condition que je reste avec H. Ce qui est important pour moi, c'est d'être avec elle, mais je n'ai pas envie pour autant d'être opérée. »**

En clair, elle fera ce qui plaira à sa compagne humaine. Elle fera des chatons si on le lui demande et elle s'en passera parfaitement si le fait d'assurer une gestation l'éloigne de sa compagne. Sans mâle à proximité, ses chaleurs ne suffisent pas à lui donner une envie impérative de chatons.

À l'inverse, qu'en est-il des chattes qui ont porté et nourri des chatons ? Souhaitent-elles ne plus avoir à subir les mâles, la gestation puis l'éducation des chatons ?

SATISFACTION DE LA STÉRILISATION CHEZ CERTAINES FEMELLES EXPÉRIMENTÉES…

Minouchette a été opérée après sa première portée et s'en réjouit pleinement :

> **« Ne plus avoir à gérer des chatons me convient mieux. C'était très, trop, fatigant pour moi de les gérer. Si j'avais eu d'autres portées, je ne sais pas si j'aurais tenu le coup à plusieurs reprises. Je suis mieux ainsi, sans avoir à subir les mâles et sans avoir à m'épuiser. »**

Dans son cas, comme pour Scottie, la stérilisation est la bienvenue. Scottie a eu plusieurs portées au sein d'un foyer humain attentif et aidant. Elle fait tout son possible pour éduquer ses chatons. La tristesse de voir son chaton partir un peu avant l'heure est compensée par une détente salvatrice. Elle déclare :

> **« Ne plus procréer me conviendrait aussi. Je suis triste du départ de mon bébé, mais contente de ne plus avoir à m'en occuper. »**

L'anecdote du rejet de chaton[1], à l'époque où la stérilisation n'existait pas encore, prouve que l'opération est la bienvenue pour certaines femelles. Et, aujourd'hui encore, on trouve, errants, des chatons à peine sevrés. Les mères les ont-elles rejetés parce qu'à nouveau pleines ou parce qu'incapables de les gérer ? Tout autant qu'il existe des mères attentives, il existe des mères dilettantes ou à temps partiel. Et pour ces dernières, la stérilisation est sans doute préférable.

… ET PASSION POUR LA MATERNITÉ CHEZ D'AUTRES

Pourtant, d'autres se montrent pour le moins offusquées à cette idée, et même s'y opposent. Elles déclarent que procréer fait partie intégrante de leur vie. Elles assument totalement leur rôle de mère qui les remplit. Eol insiste sur le fait qu'elle se sent « vide » maintenant que la voilà stérilisée, tandis que Kikiane assure se sentir « pleine[2] » lorsqu'elle éduque ses chatons. Quant à Charente, elle a perdu une raison de vivre.

---

1. Voir le chapitre « La maternité », page 145.
2. Voir le chapitre « L'expression », page 49.

Eol est opérée deux mois après sa première portée. Son attitude s'en est trouvée changée du jour au lendemain. Elle devient fuyante et évite ses compagnons humains qu'elle adore pourtant et en qui elle a toute confiance :

« Pourquoi m'a-t-on stérilisée maintenant ? Je n'étais pas préparée. Ce n'était pas le moment, car je m'occupe encore de mes chatons. Pourquoi m'enlever le générateur physiologique de l'envie d'être mère au moment même où je dois assumer ma fonction de mère ? Et maintenant, je me sens vide, totalement vide. Je n'ai plus cette énergie, cet élan maternel. Comme si psychologiquement, cet élan naturel s'était estompé, ne m'habitait plus. Comme si cette nécessité de procréer avait disparu. »

Eol donne une explication à cette sensation intérieure de plénitude: l'« élan maternel ». Elle se sent habitée par une ferveur qui conduit ses actions et son comportement. On peut se demander si cette ferveur relève du simple instinct ou d'une véritable envie? Réduire à l'instinct ce qui peut relever du plaisir rabaisse l'animal au statut d'être vivant sans vécu émotionnel. Les différentes réponses émises par les chattes prouvent qu'elles ont des envies différentes sur le sujet. Eol assouvit, à mon sens, une véritable pulsion intérieure.

À l'évidence, stériliser une chatte lui fait perdre cet élan. Et, à l'entendre, la période de la maternité n'est pas le meilleur moment pour le lui ôter. Heureusement, Eol a poursuivi l'éducation de ses chatons; éducation qu'elle a achevée à l'extérieur du foyer humain pour en limiter les interventions.

Charente est une magnifique chatte blanche à poils longs. Opérée après sa seconde portée, elle en est mécontente:

> **« Je ne voulais pas être stérilisée. Faire des chatons fait partie de ma vie. Non seulement mes adoptants m'ont stérilisée, mais, de plus, ils ont gardé un de mes chatons. Ici, c'est mon territoire et pas celui de mes chatons. »**

Cette double atteinte à ses droits l'a laissée amère. Elle ne supporta pas un troisième événement qui l'a finalement conduite à quitter son foyer[1].

Kikiane a déjà donné naissance à plusieurs portées en extérieur. Chatte autonome, elle a trouvé refuge auprès d'un foyer pour nourrir et éduquer les chatons de sa dernière portée. Interrogée dans la perspective d'une éventuelle stérilisation, elle s'y oppose ouvertement. Autonome, elle le restera si le foyer de confiance envisage de l'attraper pour la stériliser.

1. Voir le chapitre « Les motivations au départ », page 209.

Elle considère que sa vie lui convient parfaitement ainsi et elle ne prête aucun intérêt à une vie de dilettante :

> **« Ma vie est ponctuée de chatons. Je n'ai pas "d'envie" sur le sujet. C'est ainsi et pas autrement. Si je ne procrée plus, alors je deviendrai paresseuse. Je n'aurais plus rien à faire. Ma vie est ma vie. Je ne cherche pas encore à ce qu'elle soit plus simple. Pourquoi vouloir faire changer ma vie ? Je ne m'en plains pas. Et puis, quel ennui cela doit être sans chaton ! Je ne veux pas être stérilisée. Si, pour rester dans cette maison, je dois être stérilisée, alors je préfère partir. »**

D'autres ont une opinion modérée. Penny a donné naissance à sept chatons. Courageuse, elle le demeure, car elle veut continuer à procréer, mais pas trop souvent :

> **« Je ne veux pas être stérilisée. Avoir des chatons moins souvent, oui, mais continuer à procréer. »**

À la lecture de ces témoignages, on comprend que chacun et chacune ont des motivations et des envies très personnelles à propos de la stérilisation. Les mâles moins que les femelles apprécient cette opération qui les prive de leur identité. Les femelles, quant à elles, semblent perdre un moteur de vie. Avant d'emmener nos compagnons chez le vétérinaire, il serait bon de sonder leur cœur afin d'éviter une source de frustrations qui peuvent mener certains à fuir leur foyer ou à développer une maladie. Le véritable amour et la volonté de protection consistent à respecter l'intégrité des êtres que nous choyons plutôt que de leur imposer nos choix humains. Si cette opération s'avère préférable ou indispensable, prévenir le principal intéressé lui permettra de s'y préparer.

La santé

« C'était un incroyable matou pelé, galeux, couleur de marmelade d'oranges, aux oreilles en lambeaux et avec une de ces mines moustachues, patibulaires et renseignées que les vieux matous finissent par acquérir à force d'expériences riches et variées. »

Romain Gary

La santé étant un domaine réservé aux spécialistes, quoi que vous lisiez dans ce chapitre, je vous recommande de suivre les recommandations officielles en emmenant votre félin chez le vétérinaire au moins une fois par an et dès que nécessaire. De surcroît, certains vétérinaires sont spécialisés en homéopathie, en ostéopathie, ou plus rarement en magnétisme. Ces pratiques ont démontré leur efficacité et peuvent être plus facilement acceptées par nos félins qui, à entendre les adoptants, enfilent leur cape d'invisibilité à l'approche de l'heure du rendez-vous vétérinaire. Comment donc nos chats vivent-ils leur état de santé et pourquoi fuient-ils parfois le vétérinaire et ses traitements ?

LA SÉCURITÉ, UN ÉLÉMENT INDISSOCIABLE D'UNE BONNE SANTÉ

Les chats ne semblent pas avoir de connaissances en plantes médicinales hormis celle des herbes qui les aident à dégurgiter ou à éliminer les vers. Néanmoins, ils possèdent un moyen infaillible d'entretenir leur bonne

Naïs

santé : le toilettage régulier et minutieux de la pointe des griffes aux creux des oreilles. Cependant, le chat ne peut se toiletter que lorsqu'il se sent en sécurité. En effet, le toilettage impose des positions de contorsionniste, tête en bas ou couché sur le dos, dans lesquelles il est non seulement difficile d'être vigilant, et prêt à réagir comme de se défendre sur l'instant. Pour cette raison, les chats autonomes ont le poil souvent sale et développent plus facilement des maladies suite à leurs bagarres, car une blessure mal léchée a plus de chance de s'infecter. Procurer un espace sécurisant et confortable à nos compagnons à pattes leur offre ainsi l'opportunité de se toiletter. Cela les aide à entretenir et à préserver leur bonne santé. Kikiane le confirme en disant :

> **« Je gère mieux ma santé depuis que je suis dans cette maison parce que je suis plus détendue. »**

Un poil soyeux et aéré n'est pas le seul indicateur d'une bonne santé. L'odeur de l'animal l'est également. Un chat qui sent bon est un chat en bonne santé. Un chat malade – vers ou tout autre souci de santé – dégagera un relent nauséabond. En outre, un chat vivant en plein air et loin de la pollution urbaine sent meilleur qu'un chat vivant en zone urbaine, preuve s'il en est que la pollution affecte l'état de santé.

PLEINEMENT CONSCIENTS DE LEUR ÉTAT DE SANTÉ

La maladie fait partie des aléas de leur vie. Ils vivent ainsi jusqu'à ce que la fatigue ou les désordres organiques prennent le dessus. Tous les chats interrogés sont conscients de leur maladie et de leur douleur. Ils décrivent spontanément ce qu'ils ressentent et la localisation de leurs symptômes, aussi bien en termes musculaire qu'organique. Dans les cas de leucémie ou de cancer, ils perçoivent quelque chose de diffus sans savoir préciser les choses. Ils ressentent la douleur, mais ils ont tendance à la minimiser pour mieux la supporter. Les réactions face à la maladie sont différentes d'un individu à l'autre et pour un même animal, selon la période qu'il traverse.

Certains sont fatalistes. Ceux-là font partie d'une première catégorie que j'appellerai les « peu m'importe ». Même s'ils sont conscients de leurs douleurs ou de dysfonctionnements, ils disent s'en moquer. On comprend aisément cette réaction dans le cas d'une prise de poids chez Noor :

> **« Non, je ne sais pas pourquoi j'ai pris du poids et je m'en fiche. »**

... ou dans les cas d'une gêne ou d'une pathologie passagère, comme pour Ulysse et Kikiane :

> **« J'ai un peu mal au bas-ventre du côté des deux pattes arrière. C'est parfois gênant. Peu importe. »**

> **« Le coryza est une saleté. Mais je m'en débrouille. »**

Toutefois, certains conservent ce fatalisme même à l'article de la mort. Ainsi, Charlie est décédé peu de temps après m'avoir confié :

> **« Ah oui, mes reins ! Bof. Ils ne vont pas bien, mais je m'en fiche un peu. »**

Quant à Byzance, très malade, elle est non seulement fataliste, mais nie aussi sa maladie :

> **« Mais je ne suis pas malade. Je me sens bien. Enfin, pour être franche, je perçois bien que quelque chose ne fonctionne pas correctement, mais je n'en sens pas vraiment les effets. »**

Elle explique la négation de sa maladie par un manque d'intérêt pour elle-même et, par conséquent, se moque complètement d'être malade.

Inutile de préciser que les chats de cette première catégorie disparaissent, l'heure du vétérinaire venue, pour réapparaître, l'air innocent, plusieurs heures plus tard.

La deuxième catégorie manifeste le souhait d'être soigné. C'est parfois un vœu pieux, comme sait si bien le dire Zouzou :

> **« Je n'arrive pas à étancher ma soif. Et je ne vois pas très bien. J'aimerais bien recouvrer ma santé et ma vitalité pour me sentir en pleine possession de mes forces. Que le soigneur vienne à moi, mais pas l'inverse. »**

D'autres, heureusement, font confiance à leur adoptant, comme Léa qui demande clairement à être soignée :

> **« J'ai un problème au rein droit. J'ai plus ou moins de douleurs selon les moments, mais c'est surtout gênant. Et j'ai des difficultés urinaires. Mes reins sont importants. J'aimerais qu'ils soient soignés. »**

Ou encore Néo qui se montre impatient et accusateur :

> **« Tu ne t'occupes pas bien de moi. Je te montre que je suis malade, mais tu attends le départ de tes amis pour m'emmener me faire soigner ! »**

Heureusement, de nombreux chats guérissent et sont satisfaits de recouvrer leur pleine vitalité. Ceux-là repartent gaiement gambader et je n'en entends plus parler.

A contrario, ceux qui ne constatent pas d'amélioration en viennent à rejeter les traitements en dépit de leur souhait de guérir. Youpi et Chipie, plutôt agacés, déclarent :

« Je n'ai pas vraiment senti d'amélioration en termes de sensations. Les gouttes et les crèmes m'insupportent. Dès qu'on m'en met, j'ai envie de m'en débarrasser. Alors, je nettoie et ça m'irrite encore plus l'œil. En fait, je ne veux ni de la crème ni des gouttes. Je veux guérir de mon œil, car j'en ai marre de ces picotements irritants répétés. »

« J'accepte les traitements chimiques, car sans eux, je souffre. Mais je m'attends à être guérie, en vain. C'est pour ça que je râle et m'énerve. »

DES SOINS D'ACCORD, MAIS PAS À OUTRANCE

Il semblerait qu'il faille être attentif à l'humeur et à la période que traverse l'animal avant de lui prodiguer des soins. De grosses colères peuvent naître à l'issue de soins, qu'ils soient simples ou contraignants, telle une opération. Après sa stérilisation, Naïs expliquait la raison de sa colère :

« Des morsures de chats sur le corps, ce n'est pas grave. C'est notre vie de chat. Je n'y prête guère d'attention. Mais une opération ne fait pas partie de ma vie de chat. »

Et Youpi ne voulait pas plus d'une opération qu'on lui proposait :

« Si ça continue de picoter, c'est non. Et si je ne peux pas me nettoyer l'œil, c'est non. »

Même si les opérations ont été salvatrices dans les deux cas.

Cela est aussi vrai pour les soins de confort. L'ardeur avec laquelle sont appliqués les soins du quotidien peut agacer. Eol s'insurge vertement contre les pipettes antipuces :

> **« Je n'en ai rien à faire, des puces ! Je suis encore en train d'éliminer ce produit chimique. Et franchement, je préfère les puces à ce produit. Je n'en veux plus du tout. »**

Quant à Néo, devenu le fier-à-bras du quartier à la fin de sa vie, il n'acceptait plus aucun soin :

> **« Je ne veux plus que tu me soignes. Les piqûres, passe encore. Mais les médicaments que tu me fais avaler de force, non merci ! Mes blessures de bagarres sont des blessures qui guériront. Je ne veux ni crème, ni granules, ni soins ! »**

Clôturons avec Brioche qui nous apprend pourquoi une collerette est si insupportable :

> **« La collerette qu'on a essayé de me mettre, c'était affreux. C'était une privation totale de mes moyens, de ma liberté de mouvement et de mon autonomie. J'ai eu l'impression d'étouffer. »**

Toutes ces paroles démontrent que les chats ont pleinement conscience de leur état de santé et qu'ils préfèrent évidemment qu'il soit bon. Ils sont prêts à supporter de nombreux ennuis, et ceux du quotidien (puces, griffures...) ne les dérangent guère. S'ils veulent guérir, ils préfèrent que cela soit spontané plutôt que de supporter l'ensemble des soins que la médecine moderne propose. Enfin, ils ne sont prêts à accepter des traitements médicamenteux que s'ils en perçoivent l'efficacité.

Stress, traumatisme et dépression

« Un animal souffre et sombre dans la folie lorsqu'il n'arrive pas à exprimer le répertoire de son comportement naturel. »

Robert Dantzer

Stress, traumatisme et dépression sont trois états bien distincts, qui peuvent s'enchaîner lorsque le déclencheur initial n'est pas éliminé ou est itératif.

Le stress est un état qui fait partie de la vie quotidienne des êtres vivants, et de sa dynamique dépend la survie. En ce sens, c'est une énergie positive. Toutefois, lorsque le danger ou la pression perdurent, le stress devient négatif et peut être source d'un traumatisme. Qu'il provienne d'un choc unique ou répété, le traumatisme génère chez le sujet un ébranlement durable. Lorsque le sujet ne sait plus gérer l'excès d'excitation et ne parvient pas à s'en décharger, il entre alors en dépression. Cet dernier état, caractérisé par un affaiblissement plus ou moins grave de l'énergie mentale et affective, entraîne découragement, tristesse et angoisse.

Évoquer ces états pour les animaux pourrait *a priori* paraître incongru, car il est aujourd'hui solidement établi que, si les animaux sont sujets au stress lorsqu'ils évoluent dans leur environnement naturel, ils ignorent le traumatisme et la dépression.

Le neuroscientifique américain Peter Levine[1] a étudié chez divers animaux les mécanismes du système nerveux qui entrent en jeu lors du stress et de la sortie de stress. Il a constaté que les mécanismes qui permettent de faire face au danger sont régis par la partie la plus archaïque du cerveau : le complexe reptilien. Lorsqu'un animal perd définitivement la possibilité d'échapper à son prédateur par la fuite ou le combat, il développe une réponse de figement transitoire. En clair, l'animal fait le mort. Puis, lorsque le danger est écarté, l'animal sort de son figement et décharge la tension provoquée par le stress. C'est ainsi que les animaux sauvages « remettent leur compteur à zéro » et que leur vie peut reprendre son cours sans séquelles traumatiques.

A contrario, les animaux domestiques ne parviennent plus à décharger spontanément la tension induite par le stress. Leur proximité avec les humains semble avoir modifié le fonctionnement instinctuel de leurs systèmes nerveux parasympathique et orthosympathique : le figement perd son aspect transitoire et perdure. Les animaux peuvent alors connaître le traumatisme et la dépression. Pourquoi la proximité des humains ne permet-elle plus aux animaux domestiques d'exploiter à 100 % les stratégies de leur cerveau reptilien ? Tels des enfants surprotégés par leurs parents, en viendraient-ils à méconnaître la fameuse « loi de la jungle » ? La question mériterait d'être étudiée de plus près par les scientifiques.

Les chats, tout en acceptant la domestication, ont toutefois conservé une part « sauvage ». Ils savent encore éliminer leurs tensions et leurs charges énergétiques. Ils ont également la capacité d'être tout entiers dans l'instant présent. Lorsque le danger est passé et que l'environnement a évolué, ils peuvent rapidement récupérer leurs aptitudes. Je prendrai

1. Peter Levine, *Réveiller le tigre. Guérir le traumatisme*, InterEditions, 2013. Sur la *Somatic Experiencing*, voir le site francophone : http://www.apf-somatic-experiencing.com/.

l'exemple d'Oscar, un chat marseillais devenu célèbre malgré lui au début de l'année 2014. Son fier propriétaire se filmait alors qu'il projetait le malheureux chat contre un mur[1]. L'individu maltraitant fut condamné et Oscar fut soigné. Sur les images filmées lors de sa convalescence, Oscar se montrait curieux et sociable. Son comportement donnait la nette impression qu'il avait rapidement dépassé le stress de cette expérience malheureuse et ne semblait pas avoir développé de traumatisme.

Pourtant, de nombreux adoptants constatent chez leurs compagnons du stress, un traumatisme ou, plus rarement, une dépression. Constats confirmés par les « dires » des félins eux-mêmes. Quelles sont les causes de ces états ?

LE MANQUE DE SÉCURITÉ EST GÉNÉRATEUR DE STRESS

Lovés dans un cadre sécurisant, les chats domestiques ne sont plus soumis aux nombreux stress liés à la survie auxquels sont habitués les chats autonomes. Ils en ressentent pourtant à leur échelle, notamment à la suite d'un événement inhabituel. On peut citer en exemples, une absence de leurs adoptants ou un changement soudain de leurs conditions de vie…

Pour certains félins, qu'ils aient ou non accès à l'extérieur, l'absence de l'adoptant est une cause importante de stress. Se retrouvant seuls et privés des repères rassurants habituels, ils perdent ce cadre sécurisant. Inquiets, ils peuvent négliger leur toilettage ou leurs déjections. Les chats aux poils longs pourront développer des nœuds indémêlables, même en trois jours. D'autres auront sali le domicile de leurs déjections.

1. Le Web cumule les articles et les vidéos sur Oscar le chat marseillais, sans compter sa page Facebook.

Entre autres conditions de vie potentiellement génératrices de stress, les chats expriment les manques de liberté, de stabilité et de tranquillité. Capucine a dû séjourner quelques jours dans un appartement sans accès à un jardin. Elle vécut mal ce séjour, car il lui a rappelé une situation terriblement stressante :

> **« Je déteste être prisonnière ; j'étais prisonnière dans un cabanon et fort mal traitée dans la famille où je suis née. »**

Ulysse, quant à lui, signale sa sensibilité aux changements et réclame le respect de sa tranquillité :

> **« Moi, j'aime la tranquillité et déteste le changement. Dès qu'il y a du changement, ça me stresse. »**

Quant à Pencil, qui a subi corollairement l'absence de son adoptante et un logement substitutif perturbant, elle est revenue de cette expérience totalement stressée :

> **« Je suis toute stressée. Je n'en peux plus. J'ai besoin de tranquillité, chez moi. J'ai besoin de ma chambre. Cette chambre où j'ai mes habitudes. Quand j'ai été placée chez cette dame, j'étais mal à l'aise et contrariée. Et quand je suis contrariée, seule H. peut m'apaiser. Mais elle n'était pas là. »**

Malgré le retour rassurant de son adoptante, Pencil n'a pas réussi à éliminer son stress. Un comportement inhabituel montrait qu'elle conservait en elle une profonde colère. Une écoute attentive du ressenti a finalement permis d'apaiser le stress et d'éviter qu'il dégénère en traumatisme[1].

1. Voir le chapitre « Être écoutés », page 35.

LES MANIFESTATIONS D'UN TRAUMATISME

Derrière le traumatisme, on trouve toujours un stress dont l'animal ne sait plus se défaire. Pour tenter malgré tout de l'éliminer, les chats développent des comportements inappropriés très variables. Certains peuvent devenir «pot de colle»; d'autres, à l'inverse, deviennent agressifs à l'égard des humains. D'autres encore, totalement introvertis, se renferment sur eux-mêmes. Ils manifestent ainsi de façon récurrente les conséquences de leurs peurs et de leurs inquiétudes.

Prenons le cas de Princesse. Elle griffait brutalement et régulièrement sa compagne humaine qui, l'ayant trouvée dans son jardin, l'avait adoptée six mois plus tôt. Au fil du temps, ce geste était devenu réflexe et s'ancrait dans son comportement. Lors de l'écoute, elle déchargea une forte violence puis, une fois apaisée, elle signifia:

> **«Griffer H. était la seule façon qui me permette de me libérer. C'est ensuite devenu un réflexe. Impossible de faire autrement.»**

Puis, elle énonça l'origine de son stress:

> **«J'ai fui mon ancien chez-moi parce que je n'en pouvais plus: il y avait là un humain qui me terrorisait.»**

Enfin, elle dit spontanément ce dont elle avait désormais besoin pour achever de dépasser son traumatisme:

> **«Je ne me suis pas encore totalement défoulée. Il me reste un haut-le-cœur, mais surtout le besoin d'être pleinement rassurée.»**

Cette première séance lui ayant permis de se libérer de son stress initial, elle ne griffa plus qu'à l'occasion son adoptante, notamment lorsqu'elle

Maïa-Râ

vivait une nouvelle situation stressante. Elle finit par perdre ce « réflexe » avec le temps… et une seconde écoute.

Avoir accès à l'extérieur est une soupape qui permet de libérer une partie du stress. Sans cette possibilité, certains, comme Bart, peuvent se sentir totalement dépassés. Ce dernier exprime ainsi l'impossibilité de se décharger :

> **« Je n'arrive plus à me décharger bien que je fasse ce que je peux pour me libérer. Alors, je griffe les humains qui sont à ma portée. J'en suis saturé. Je n'en peux plus. »**

Mais la conséquence d'un traumatisme peut devenir un trait de caractère pour la vie. J'en prendrai pour exemple Marcel et Léa.

Marcel est un chat de 17 ans, impressionnant en taille, en poids, en poils et en canines. Il n'a cependant de cesse de réclamer des câlins auprès de tous et de coller au train. Son besoin de prise en compte est bien présent, mais il ne réussit pas à en évoquer l'origine :

> **« Cela provient sans doute de ma jeunesse dont je ne me souviens pas. »**

Léa, bien que vivant en appartement, est souvent sur le qui-vive. Elle exprime clairement :

> **« Mes peurs relèvent de ma mémoire instinctive aujourd'hui. »**

Avec les années, ces chats ont ainsi intégré à leur comportement une stratégie compulsive de compensation, au point de ne plus pouvoir s'en défaire.

LA DÉPRESSION

Rares sont les chats dépressifs. Ils atteignent cet état lorsqu'ils ne trouvent plus, dans leur présent, des échanges affectifs satisfaisants. Cela survient après la perte ou l'éloignement d'un être cher, homme ou animal, et dont ils n'arrivent pas à faire le deuil. L'ennui les gagne et finit par les envahir complètement.

Charlie est en pleine dépression. Il n'a plus goût à la vie. Il ne se sent plus intégré dans son foyer. Il s'exprime avec une immense lassitude reflétée par sa gestuelle. Il est en état d'abandon de lui-même et, sans espoir, se laisse périr d'ennui :

> **« Je n'attends rien de positif de la part des humains. Je prends ce qui vient, mais aujourd'hui, je n'arrive plus à m'en satisfaire. Je m'ennuie dans ma vie de chat et ne crois pas aux câlins. »**

Charlie est décédé quelques mois après cet échange.

Noisette, venant de perdre une colocataire, se désintéresse du présent :

> **« Je m'ennuie terriblement. Je tourne en rond. J'ai besoin d'activités. J'aimerais autre chose que ces longues journées monotones. Je passe d'un fauteuil à l'autre. Ces journées sont d'un ennui ! »**

Mais elle manifeste encore un besoin d'activités et une envie de nouveauté qui prouvent qu'elle a encore le goût de vivre.

Domino voit sa compagne humaine partir pour plusieurs mois alors qu'il a quelques soucis de santé. Il est las de ces départs et son naturel boudeur accentue la sensation d'un gros coup de blues :

« Ses départs me minent et je n'ai plus envie d'en vivre encore d'autres. Certes, je me suis habitué à la voir partir et revenir, mais je n'ai plus envie de le supporter. J'en ai marre. Je n'ai plus envie d'attendre. Tout cela m'ennuie. Ce n'est vraiment pas drôle d'être laissé ainsi. C'est triste pour moi, car je m'ennuie de sa présence. C'est pour ça que je ne veux pas guérir. »

Lorsqu'un chat manifeste un état dépressif, les premiers soins à lui apporter sont : se montrer attentionné, le faire jouer et lui prouver son attachement. Ces attentions quotidiennes lui redonneront goût à la vie et aux échanges. Il est également possible de s'orienter vers les élixirs floraux qui jouent sur la sensibilité émotionnelle. L'adoption d'un chaton peut éventuellement s'avérer une solution pour réveiller son intérêt pour la vie. Toutefois, la prudence est de mise sur ce point, car l'arrivée d'un chaton peut provoquer l'effet inverse, à savoir donner au dépressif une raison de quitter sa vie. Les déprimes sont généralement passagères, mais si elles s'installent dans le temps, le chat préférera quitter son présent[1].

Comme nous venons de le voir, les trois états que sont le stress, le traumatisme et la dépression ne sont pas le propre de l'homme. Le nier serait l'expression d'une double incapacité, celle d'entrer en empathie avec nos compagnons et celle de leur reconnaître le large spectre d'émotions qu'ils vivent.

Et pour les aider à sortir de leur mal-être, rien de tel que de leur apporter de l'attention et de l'empathie.

1. Voir le chapitre « La mort », page 237.

Les vacances

« Tu deviens responsable pour toujours de ce que tu as apprivoisé. »

Antoine de Saint-Exupéry

« Ah, les vacances ! » Nous énonçons cette exclamation avec délectation et joie tandis que nos chats la murmurent dans un soupir de résignation et d'inquiétude. Les vacances équivalent, au choix, à l'absence des adoptants ou bien à de longs trajets – en voiture, en train, ou pire, en bateau ou en avion – ou encore à un déplacement chez d'autres humains avec d'autres conditions de confort. Plutôt qu'à un moment tant attendu, les vacances équivalent à un calvaire.

DÉPART POUR LE CHAT AUSSI !

Souvent, les adoptants emmènent avec eux leurs tendres félins. Que disent nos matous une fois en vacances ? Youpi, qui partait pour la première fois de sa vie, était ravi :

> **« J'étais content d'être emmené en vacances. »**

Tandis que Naïs, même satisfaite des grands espaces emplis de campagnols et autres rongeurs, finit par se languir de son territoire :

> **« Ce grand jardin est très agréable, mais mon jardin, même plus petit, me manque. Quand est-ce que je rentre chez moi ? »**

Parmi ceux qui sont emmenés en vacances, nombreux sont ceux qui ne supportent pas le voyage et qui l'achèvent très perturbés. Le stress peut être aggravé si le lieu d'accueil est inconnu. Pour éviter ces désagréments, il est possible de prévenir notre matou en lui donnant des détails sur les conditions de déplacement – durée du voyage et mode de transport – et surtout sur le lieu d'arrivée. Ces explications lui permettront d'entamer le voyage rassuré. Un vétérinaire pourra également prescrire un médicament homéopathique pour apaiser et déstresser. En général, une granule dans une gamelle d'eau la veille du voyage fait parfaitement l'affaire.

Mais il n'est pas toujours possible de partir avec son ou ses compagnons préférés. Ils sont laissés sur leur territoire avec des visiteurs nourriciers ou bien déposés dans un autre foyer. Ils évitent ainsi des déplacements stressants. Mais comment se sentent-ils une fois seuls ?

LES ABSENCES DE L'ADOPTANT ENTRAÎNENT TRISTESSE ET INQUIÉTUDE

Globalement, les chats écoutés se plaignent de l'absence de leurs adoptants, qu'ils considèrent comme des éléments essentiels du foyer. Tous s'interrogent *a minima* sur leur devenir, à l'instar de Brioche qui a été avertie en avance d'une longue absence :

> **« Je suis inquiète, car si j'ai bien compris, vous allez partir sans moi. Vous me laissez seule ? Que vais-je devenir ? Pourquoi partez-vous ? »**

Après quelques périodes de solitude, Lilly a trouvé une solution de secours en rejoignant un foyer temporaire :

> **« Les vacances, cela signifie l'absence de H. Quel ennui ! Personne à qui parler. C'est trop triste. Je n'aime pas rester dans cette maison sans eux. En plus, je n'aime pas beaucoup ce lieu. Alors, pendant leurs vacances, moi aussi, je pars. »**

La tristesse et l'inquiétude sont des plaintes communes à tous les chats. Mystère, laissé chez lui et nourri par les voisins, insiste également sur les raisons de ces émotions :

> **« Ah, les vacances, quelle tristesse ! Absence de câlins, absence des H. L'absence de câlins me pèse. Je suis inquiet de leur retour. Je ne sais jamais ni quand ni s'ils vont revenir. Je me morfonds en leur absence. »**

Nombreux sont ceux qui ne supportent pas d'être laissés seuls sur leur territoire tel Néo, pourtant entier, solitaire et farouche, qui sortait subitement de son sommeil dès qu'il percevait la velléité d'un week-end :

« Ne me laisse pas seul ! Emmène-moi. Même si je suis nourri en ton absence par quelqu'un d'autre, je suis trop stressé. Emmène-moi. »

Et s'il était laissé seul deux jours, même nourri par un humain trié sur le volet, son stress faisait que ses longs poils s'amalgamaient en gros paquets de nœuds indémêlables.

LES CHATS ONT-ILS UNE PRÉFÉRENCE ?

Certains adoptants prennent le soin d'entendre les préférences de leur chat entre des heures de voyage, un maintien à domicile ou un séjour « ailleurs ». Les réponses varient de l'un à l'autre, selon les expériences précédentes et les choix proposés. Aucune règle ne prévaut, chacun ayant son point de vue, éminemment variable. Certains, comme Naïs, Pencil et Noor, savent ce qu'ils veulent.

Naïs :

> **« Je préfère aller chez quelqu'un avec accès libre à l'extérieur. »**

Pencil :

> **« Les départs de H. sont une vraie plaie. Je n'aime pas changer de domicile. Je ne me sens pas à l'aise, car je n'ai pas mes habitudes et ce n'est pas organisé pour moi. J'ai besoin d'un espace privé, calme et tranquille, avec un coussin doux et préservé des enfants bruyants. La prochaine fois que H. s'en ira, j'aimerais bien que ce soit un homme qui vienne me donner à manger chez moi. »**

Noor :

> **« Je suis excitée à l'idée de partir en voyage avec H., mais surtout pas de rester seule dans un endroit inconnu. »**

Et d'autres, comme Mystère, hésitent :

> **« Je préfère rester sur mon territoire plutôt que d'aller dans un refuge estival pour chats. Et en même temps, pour avoir mes câlins, je suis prêt à aller dans une autre maison avec H. Mais je n'aime pas la voiture. »**

Et quand nous partons sans eux, qu'attendent-ils de nous à notre retour ? Plusieurs sont dans l'attente d'un partage comme Pencil et Noor, deux chattes d'appartement plutôt dépendantes de leur compagne humaine :

> **« J'aimerais que H. me raconte ses voyages, pour que j'y participe d'une certaine façon et pour que je me sente moins seule. »**
>
> **« Je suis avide de savoir où va H. et ce qu'elle a fait. »**

Je n'ai pas eu l'opportunité d'écouter ceux qui ont profité des multiples solutions professionnelles que sont les visiteurs quotidiens à domicile, les refuges estivaux ou les hôtels pour chats où ils sont censés recevoir une nourriture affective et profiter d'un espace personnel. J'imagine que là encore, chacun pourra avoir son opinion personnelle sur son séjour.

La maison secondaire ou la double vie

« Tu peux avoir confiance en moi. Je serai toujours là pour toi. Je t'accepte comme tu es. J'utiliserai toutes les méthodes à ma disposition pour essayer de te comprendre. J'honorerai ton opinion. Je ne te rabaisserai pas et n'essaierai pas de te dominer. Tu as le droit à ton libre arbitre. Je ne te ferai pas peur et ne te menacerai pas d'une punition. Je ne te tournerai pas le dos même si tu fais quelque chose qui me déplaît. Je serai compréhensif. »

Amélia Kinkade

Quand nos chats sont libres de vaquer en extérieur, ils n'hésitent pas à visiter les jardins, les cabanons et les maisons des voisins. L'objet de leur curiosité est de faire connaissance avec les lieux et leurs habitants, humains et animaux, pour sécuriser leur périmètre. Ils se créent des cachettes et des lieux de sommeil complémentaires qu'ils prennent en affection. Ainsi peut-on découvrir tôt ou tard qu'ils ont pris quelques habitudes dans le jardin d'un voisin, mais aussi à l'intérieur même de son domicile. Certains adoptants se réjouissent de savoir leur félin à l'abri, tandis que d'autres peuvent se vexer de cette double vie.

Quelles sont donc les motivations de nos matous à aller quérir une seconde résidence ? Le package offert dans le foyer principal est-il insatisfaisant ? Ou bien, est-ce que les félins ressentent le besoin d'avoir une seconde vie ? Il semblerait que cette quête relève d'un peu des

deux, et qu'elle soit essentiellement le fait de chats pour qui la porte reste close dans la journée.

De mon expérience, je constate que ce sujet concerne essentiellement les mâles, à l'exception de deux femelles. La première, Lilly[1], cherchait surtout à retourner vivre sur son premier territoire. La seconde, Umi, s'était trouvé un gîte d'accueil et de câlins de jour. La double vie pourrait donc être essentiellement une affaire de mâles, mais je n'ai pas écouté un panel suffisant de « cobayes » pour pouvoir l'affirmer. Ces présupposés sexistes sans réponse mis à part, il ressort plusieurs points communs.

À une maison vide, les félins préfèrent un lieu occupé par une présence humaine paisible, en sachant que les câlins ne semblent pas être leur but premier. Ensuite, ils s'assurent un lieu de sécurité complémentaire. Enfin, ils peuvent y jouer un rôle ou y trouver le moyen de satisfaire certains de leurs besoins sociaux. Et tant mieux s'ils dénichent un lieu qui leur procure ces trois points à la fois.

1. L'histoire de Lilly est racontée dans les chapitres « Les vacances » et « Les motivations au départ », voir pages 189 et 209.

UN LIEU DE TRANQUILLITÉ COMPLÉMENTAIRE OU DE SUBSTITUTION

Mao, qui est colocataire chez lui, a passé des heures à mon domicile, à roupiller sur le dos, les quatre pattes étendues. Il me disait :

> **« Je viens chercher la tranquillité. Ici, je peux dormir en paix sans craindre d'être perturbé par ma colocataire ou par qui que ce soit. J'y suis vraiment détendu. »**

Quant à Balthazar, il fuyait autant que possible son foyer dans lequel les enfants le chahutaient trop à son goût. Il s'est réfugié auprès d'un foyer sans enfant où il a finalement été adopté avec l'accord des premiers propriétaires :

> **« Ici, c'est bien, c'est calme. Je dors tranquillement, sans être bousculé. »**

La chatte Umi avait trouvé un refuge dans la maison voisine de la sienne pour les longues heures diurnes durant lesquelles ses adoptants étaient au travail. Malheureusement pour elle, sa maison secondaire a été vendue. Pour ne rien arranger, les nouveaux habitants ont une chatte qui s'affirme sur son nouveau territoire. Umi a ainsi perdu sa résidence secondaire dans laquelle elle avait trouvé la tranquillité et les câlins. Elle le regrette amèrement :

> **« Je suis stressée, énervée. On m'a volé la moitié de mon territoire. Les anciens habitants me manquent. Ils étaient calmes. Il y avait toujours quelqu'un pour m'ouvrir la porte. J'avais trouvé un équilibre avec mes deux maisons. Je suis triste de me retrouver coincée sur mon seul jardin. J'étais si bien avec mes maisons et mes jardins. Ce n'est pas facile de me résoudre à un seul jardin, une seule maison. »**

Ses propos montrent clairement qu'elle tenait à ses deux lieux d'accueil, non seulement pour la tranquillité et l'aisance, mais aussi pour la sécurité et les attentions qu'elle y trouvait. Elle recevait ses câlins de jour avant de retourner chez elle percevoir sa dose du soir.

> **« Avant, j'avais double dose de câlins. Maintenant, il me manque mon quota. Aujourd'hui, j'ai besoin de recevoir plus de câlins. J'ai aussi besoin d'être rassurée et de stabilité sur les territoires que je me choisis. S'ils me sont pris, je perds ma stabilité. »**

Ainsi, Umi se rendait chez ses voisins pour se rassurer. Une seconde résidence permet de garantir sa sécurité. C'est notoirement ce que recherchent les mâles.

UN SECOND LIEU DE SÉCURITÉ

Maïa-Râ, après des mois de confinement et de solitude, est désormais libre durant la journée. Pourtant, il en profite pour aller dormir chez la voisine. Pourquoi tant réclamer à sortir si c'est pour finir par aller dormir chez la voisine ?

> **« Je sais bien où est mon vrai chez-moi. Je sais que c'est une maison secondaire. Vous [les humains] devez comprendre que, dans la nature, nous [les chats] avons plusieurs lieux de prédilection pour nous sécuriser et pour éviter de laisser trop longtemps notre odeur sur un même endroit. Deux lieux sûrs valent mieux qu'un. Au moins, chez cette dame, je peux dormir à l'abri en journée. »**

Voilà qui nous apprend que certains chats domestiqués ont su préserver quelques règles élémentaires de survie : ne jamais laisser son odeur trop

Yumba

longtemps sur un même lieu et éviter ainsi de se faire repérer par les prédateurs. Merlinou évoque également cette notion de sécurité, mais semble y attacher moins d'importance :

> **« Découvrir une autre maison donne l'impression d'avoir d'autres chez-soi, d'autres lieux de sécurité. »**

Ainsi se peut-il que la maison secondaire soit la résultante de l'indispensable quête de sécurité pour les mâles traditionnellement en vadrouille. Un mâle entier peut parcourir jusqu'à 10 kilomètres pour séduire une belle. En chemin, il doit pouvoir compter sur des cachettes et de la nourriture pour assurer sa sécurité physique. Mais un mâle castré n'a plus de quête sexuelle. Trouverait-il ainsi un substitut à cette motivation perdue ?

UN LIEU DE DISTRACTION ET DE SATISFACTION DES LIENS SOCIAUX

Il semblerait que la maison secondaire procure également une certaine distraction. Outre la sécurité évoquée plus haut, Merlinou s'amuse :

> **« J'aime bien allez chez les voisins : c'est très amusant de découvrir une autre maison. Ça donne l'impression d'avoir d'autres chez-soi. Oui, bien sûr, je mange ailleurs, dans les gamelles des autres chats. »**

Les chats mangent régulièrement des petites portions. Piocher dans les croquettes des autres répond à ce besoin naturel. Cela peut aussi signifier que c'est lui le boss.

Une deuxième résidence permet également de satisfaire des besoins personnels et sociaux. Zouzou est un chat errant qui a, apparemment, quitté son précédent foyer il y a longtemps. Lui vient satisfaire ses besoins sociaux non pas auprès des humains, mais auprès des chats qui y logent :

> **« Je viens chercher la compagnie. J'en ai assez d'être seul. Je ne cherche pas particulièrement à manger. Je rentre volontiers dans la maison par curiosité et pour y tester les lieux de sommeil des chats de la maison, mais je ne m'y installerai pas de crainte de m'y retrouver enfermé. »**

TROIS EN UN : LA TRANQUILLITÉ, LA SÉCURITÉ ET LA SATISFACTION DE BESOINS SOCIAUX

Yumba vadrouille toute la journée et en profite pour se rendre en salle de kinésithérapie. Non point pour y renforcer ses muscles déjà impressionnants de maine coon, mais pour la tranquillité, la sécurité et la compagnie qu'il y trouve :

> **« Un second lieu d'accueil est important. Je m'y délasse. J'apprécie l'ambiance. J'y trouve le confort et le bien-être par son calme. Je n'ai nul besoin d'être sur mes gardes. Je m'y sens aimé. »**

Aimé ou admiré, c'est sûr, car Yumba étant d'une rare beauté, tous les patients qui le voient sont subjugués par sa taille et son port altier.

En outre, il semble y jouer un rôle à sa mesure :

> **« Je sens aussi que je suis utile, pas aux patients, mais à H. [la kinésithérapeute]. Je la décharge et la redynamise. »**

En échange de ces quelques heures de bien-être, il déclare soutenir la kinésithérapeute dans son travail. Il nous rappelle la capacité qu'ont les chats à capter les charges énergétiques dans un but d'élimination. Quelle est sa motivation ? S'agirait-il que Yumba s'acquitte de sa « taxe de séjour » ? Agit-il ainsi de façon purement instinctuelle ? Ou bien satisfait-il un besoin personnel ?

Aucun chat ne m'ayant parlé ni de dette, ni d'échange, ni du fait de se sentir redevable de quoi que ce soit, la première question est superflue. Pour répondre à la deuxième, l'instinct relevant du cerveau reptilien, et se rapportant donc aux besoins primaires, cela ne me semble pas compatible avec cette action d'être « utile ». Yumba pourrait alors, peut-être, satisfaire un besoin nettement plus personnel, relevant de la réalisation de soi.

Les chats mâles castrés semblent avoir conservé l'envie – sinon le besoin – d'étendre leur territoire, de parcourir quelques distances à la découverte de leur environnement et de conquérir d'autres espaces. Les maisons secondaires sont des lieux de sauvegarde temporaires et parfois des lieux de conquête, dans lesquels ils s'y épanouissent non plus sur le plan sexuel, mais relationnel.

Les maisons secondaires permettent aux chats de mener non une double vie, mais « leur » vie, pendant que les adoptants vaquent, eux, à leurs propres occupations. Peut-on envisager cela comme un juste retour des choses ?

Partie
3

LA SÉPARATION

Le changement de foyer

« Il y a ce sentiment profond que l'animal, surtout le chat, nous place dans une relation qui nous engage en profondeur. Même s'il ne dit rien, il est témoin, il sait. »

Yves Christen

Les chats domestiques apprécient leur foyer, leur adoptant et leur confort, quels que soient les points qu'ils aimeraient faire évoluer à leur convenance. La plupart intègrent ces désagréments. Les autres manifestent pour obtenir une modification des conditions de vie qui ne leur conviennent plus. Certains se réfugient parfois chez un voisin pour un répit de quelques heures. D'autres fuguent quelques jours, et rares sont ceux qui quittent définitivement leur domicile pour quérir ailleurs meilleure auberge. Et, à moins que leur habitat ne leur soit devenu insupportable, ils refusent tout net d'être placés chez une autre famille.

Changer d'adoptant n'est donc pas « leur » solution. Pourtant, cela arrive, dans une grande majorité des cas, contre leur gré, au vu du nombre de chats adultes récupérés par les refuges ou les associations de sauvegarde. Si l'abandon volontaire est malheureusement encore largement répandu, les accidents de la vie de l'adoptant – impotence, allergie… – sont également des causes courantes de placement. Les chats doivent faire face à une séparation et à une nouvelle adoption.

Comment vivent-ils cette rupture de vie commune, d'une part, et leur nouvelle vie, d'autre part ?

De toute évidence, ce sont des périodes qu'ils vivent plutôt mal, notamment lorsqu'ils ont appartenu à une personne âgée qui était présente en permanence et qui les gâtait. Et, bien souvent, on ne leur a pas expliqué les raisons de ce changement.

Mimie s'est enfuie de sa famille d'accueil. Disparue depuis plusieurs jours, je m'enquiers de son lieu de refuge, de sa santé et de ses motivations. La trouvant bien triste, je l'interroge. Elle me raconte alors sa vie d'avant :

> **« C'est loin, tout ça. Chez mon amie humaine, c'était le bon temps : j'avais mes habitudes et une vie bien grassouillette. On m'a enlevé mon amie humaine avec qui je m'entendais si bien. Ensemble, on formait un cocon ; nous étions inséparables. J'étais habituée à une mamie très possessive, à des marques d'attachement, à des embrassades. C'est comme si tous ces gestes étaient devenus les seules preuves d'amour. Ma mamie me manque beaucoup : j'en garde un grand besoin de présence et d'attention. »**

Mimie n'ayant pas réussi à faire le deuil de sa vie précédente, elle n'a pas su s'adapter à sa nouvelle famille où le lien d'attachement proposé est radicalement différent :

> **« Au début, Je n'avais pas ma place. Je ne me suis toujours pas habituée à cette liberté affective et d'action que me laisse H. J'ai besoin d'affection et, en même temps, je n'ai plus envie d'être prise dans les bras. Avant, c'était une autre époque. »**

Habituée à un lien d'attachement surexpansif et à être le centre d'intérêt quotidien de sa précédente adoptante, elle n'a pas su définir un nouveau

type d'attachement dans son nouveau foyer. Après trois semaines de fugue, de réflexions et de quelques échanges avec moi, Mimie est sortie de sa cachette pour retourner dans son nouveau foyer[1].

Pépette, dans son malheur, a eu l'avantage de passer directement de sa mamie, partie en maison de retraite, à un couple de personnes âgées. Pépette demeurait auprès de personnes de même âge, donc présentes au quotidien et ayant le même type d'énergie[2]. Pourtant, rien n'y faisait

1. Voir le chapitre « Les motivations au départ », page 209.
2. Pépette, bien que n'ayant que 10 ans, se comportait aussi telle une vieille chatte.

et elle est demeurée totalement passive de longs mois. Quand je l'interrogeai sur ses habitudes antérieures, elle me parla rapidement de l'amour de sa mamie :

> **« L'amour de ma mamie me manque profondément. Et en même temps, aujourd'hui je ne suis pas capable d'accepter un autre sentiment d'amour. Je n'arrive pas à m'habituer à ces personnes [ses nouveaux adoptants]. Ils sont trop différents de ma mamie. Ils sont présents sans être présents. Ils s'occupent de moi, mais ils ne m'aiment pas. »**

Tout comme Mimie, Pépette n'a pas fait le deuil de sa précédente adoptante. Sans ce processus de deuil, elle ne pouvait pas accepter un nouveau lien d'attachement, nécessairement différent. Elle reçut mes explications, mais elle fit la sourde oreille :

> **« Je ne veux pas aller mieux. Je n'ai ni envie ni espoir. Cette séparation fut un choc et je ne sais pas comment le dépasser. Je ne sais pas si j'ai envie d'aimer d'autres humains. »**

Pépette reçut de l'homéopathie et des élixirs floraux. Lentement, elle refit surface puis, progressivement, elle a rajeuni et s'est remise à courir et à chasser les souris.

Offrir une seconde chance à un animal n'est pas un acte anodin. Il exige un patient investissement relationnel. Il est important d'expliquer la situation, de laisser son cœur ouvert et d'attendre que celui du félin s'ouvre finalement à vous.

Les motivations au départ

« Ce que l'animal sait du monde
est inscrit dans son cerveau
sous forme de représentations. »
Jean-Didier Vincent

Avant leur introduction dans nos maisons, les chats n'étaient pas sédentaires. Ils se déplaçaient parfois sur plusieurs kilomètres afin d'assouvir leurs impératifs alimentaires et sexuels. La sédentarisation, conséquence de la « privatisation » du chat, tatoué puis pucé, est une donnée relativement récente, de quelques décennies.

Nos chats domestiques ont conservé cette pratique et partent pour deux, trois ou quatre jours, jusqu'à quelques semaines ou pour toujours, qu'ils soient mâles ou femelles, stérilisé·e·s ou non. Ces déplacements ont une origine instinctuelle relative à leur mode de vie à l'état naturel.

En dépit du refuge et de l'attachement qu'ils trouvent auprès des hommes et de leur foyer, les chats ont préservé leur part sauvage, indomptable et individualiste. Part qu'il est difficile pour les hommes de faire cohabiter avec responsabilité et tendresse. Les fugues de nos compagnons nous confrontent à une situation inattendue qui nous laisse perplexes, inquiets, voire démunis. Fuguent-ils par simple besoin de prendre l'air ? Fuguent-ils par insatisfaction ? Ou bien leur est-il arrivé quelque chose ? Leur motivation au départ est l'inconnue à résoudre pour leurs compagnons humains.

Le lien d'attachement qu'ils ont noué avec leur foyer et leurs adoptants n'empêche pas les chats, même stérilisés, de vouloir assouvir certains besoins, comme ceux de la promenade, de la connaissance de leur environnement, de l'accouplement ou encore, pourquoi pas, d'une volonté d'imposer leur suprématie sur un plus vaste territoire.

Ce lien d'attachement ne les empêche pas non plus de requérir du respect pour les besoins qu'ils estiment essentiels. Si ce respect n'est plus satisfait, ils manifestent leur mécontentement de différentes façons - déjections éparses, apathie, morsures, griffures, etc. La fugue est le mode d'expression le plus signifiant. Elle est aussi un moment de solitude qui leur offre l'opportunité de prendre des décisions importantes, parfois vitales.

Les fugues sont par essence temporaires. Pourtant, il arrive que certains chats partent définitivement, soit à la recherche de nouveaux compagnons humains plus à même de répondre à leurs besoins, soit pour mourir parce que leurs conditions de vie ne leur conviennent plus. Les chats savent rompre avec une vie qui ne leur correspond plus. Heureusement, la plupart des fugueurs ne sont pas aussi déterminés.

Interroger ceux qui sont partis est la meilleure façon de tenter de comprendre leurs motivations. Car, lorsque le fugueur se sent réellement entendu dans ses besoins, il rentre bien souvent chez lui, confiant dans le fait que ses compagnons humains l'ont compris et vont changer.

LES MOTIVATIONS AU DÉPART... ET AU RETOUR

Toutes les fugues relèvent d'envies propres à chaque individu.

Tout d'abord, elles relèvent de tentations extérieures, comme les senteurs d'une lointaine minette ou le parfum de la liberté. Les mâles et les femelles aptes à procréer sont exclus des prochains commentaires,

car les absences prolongées leur sont nécessaires et récurrentes. En revanche, le parfum de la liberté, telles les sirènes d'Ulysse, demeure irrésistible.

Einstein, observant vaquer les chats du voisinage, s'est laissé emporter par leur dynamique sans avoir arpenté préalablement son environnement. Heureux de savourer sa liberté, mais un peu désorienté, il passa plus de trois jours dehors :

> **« J'ai suivi d'autres chats. C'était tellement tentant. Dehors, je me sens plus dans mon environnement naturel et la nuit est un rempart pour moi. J'aimerais plus de présence de la part des H. »**

Le soir même, Einstein rentra à son domicile au moment où ses adoptants s'équipaient pour l'aller chercher. L'écoute du jour même l'a-t-elle convaincu de l'attachement de ses adoptants ? L'a-t-elle encouragé à retrouver quelques repères ? Ce qui est certain, c'est qu'elle a porté ses fruits.

Les fugues relèvent également d'une deuxième catégorie de motivations : fuir les contraintes internes au foyer que le chat ne peut résoudre seul. Ce peut être le cas, par exemple, de l'arrivée d'un nouvel occupant, de l'introduction d'un objet dérangeant…

Au sein du foyer de Tsukii, un mâle se fit adopter, implorant la générosité des hommes face à son jeune âge. Les mois passaient et le jeune Milou s'imposait de plus en plus. Ne trouvant plus sa place, Tsukii décida de partir :

> **« Je suis partie parce que Milou prend trop de place. C'est un mâle et, en plus, il ne sort quasiment pas. On n'est pas contentes d'avoir un mâle à la maison. Deux chattes, c'est suffisant. »**

Tsukii, se sentant entendue, est revenue à l'aurore suivant notre échange. Le foyer s'est organisé pour que Milou cesse d'envahir la maisonnée et que chacun des chats y trouve sa place.

Pitchounette, quant à elle, ne supportait plus son domicile :

> **« Quelque chose a changé à la maison. J'en suis en colère. Je ne supporte pas l'odeur qu'il y a dans le salon. Je ne veux pas y retourner. Je ne veux pas rentrer tant qu'il y a cette odeur. J'aimerais que cette odeur soit enlevée. Elle vient d'une plante ou de quelque chose d'approchant. Mais ma place au chaud me manque un peu. »**

Le « quelque chose d'approchant » était une statue en bois récemment installée. Elle fut aussitôt enlevée. Néanmoins, Pitchounette ne rentra pas et il fallut aller la chercher sur le lieu qu'elle avait décrit.

En troisième type de fugues passagères, nous retrouvons ceux qui fuguent par nécessité de se recentrer ou de se reposer de trop de visiteurs au foyer.

Revenons à Mimie[1]. Ayant perdu sa compagne humaine, Mimie fut placée auprès d'un nouveau foyer à l'issue d'une stricte sélection. Six mois plus tard, elle s'enfuyait. Voici les motivations qu'elle évoqua après une longue semaine d'absence :

> **« Je suis partie pour décider si je restais ou non. Je suis partie mener mon voyage initiatique. Rester vivre sur terre en vivant une nouvelle expérience ou bien quitter cette terre. J'ai besoin de temps pour décider si je suis prête à changer de comportement, d'habitudes et d'adoptants. J'étais tant**

1. Voir les chapitres « Le changement de foyer » et « Retrouver son chat disparu », pages 205 et 223.

habituée à ma mamie. Nous avions une telle connivence. J'étais sa reine. Rester et accepter de changer, ou partir avec mes souvenirs. »

Mimie a effectivement pris le temps de la réflexion, car elle est restée indécise trois semaines. Je reprenais régulièrement contact avec elle pour être simplement à son écoute, à l'exception d'un dernier échange lors duquel je l'encourageai à se décider. Elle finit par montrer le bout de son museau. Elle a alors radicalement changé de comportement à l'égard de ses nouveaux adoptants : elle avait décidé de s'intégrer et d'accepter son nouveau foyer.

Bien des chats ne font qu'aller prendre l'air pour satisfaire des besoins personnels ou pour signifier un dérangement au sein du foyer. Toutefois, certains partent définitivement pour trouver refuge ailleurs ou pour un voyage sans retour.

PARTIR POUR REJOINDRE L'ÊTRE AIMÉ, MÊME PAR LA VOIE DE THANATOS

Chacun a ses propres motivations au départ et la perte d'un ami cher en fait partie. J'aimerais relater une histoire de « Roméo et Juliette », celle de Néo et de Charente. Néo a quitté son foyer pour mourir au loin. Charente disparaissait deux mois plus tard.

Ils étaient voisins, distants de 100 mètres environ. Ils avaient sans conteste noué des liens d'attachement forts. Dès que Charente apparaissait dans notre jardin, Néo dévalait les étages et filait la rejoindre à l'extérieur. Elle, fine mouche, avait déjà fui en quelques bonds. Elle revenait inlassablement titiller l'appétit de notre matou, bien qu'elle fût désormais stérilisée. En retour, Néo allait occuper le terrain de Charente.

Cette belle histoire aurait pu durer longtemps, mais un jour, Néo est parti :

> **« Je suis un chat de nature sauvage. Vous m'avez laissé vivre tel que je l'entendais : libre, entier, avec néanmoins vos soins et votre amour. Mais je n'en peux plus. Vos soins et votre amour me sont trop exigeants. Je veux reconquérir une totale liberté. Je suis parti. »**

Quand Néo est parti, nous savions que, cette fois-ci, il ne reviendrait pas[1]. Néo n'acceptait plus le mode de vie que nous lui proposions : nous respections sa liberté et son intégrité sexuelle à condition qu'il soit présent tous les matins et que nous le soignions. Mais ces conditions lui devinrent finalement pesantes. Pour vivre entièrement libre, il devait partir. Il nous dit aussi qu'il devait « céder sa place ».

Il mourut au loin au terme de dix jours de contacts, sans doute d'avoir absorbé un produit toxique. Un ou deux jours après son départ, Charente fit un court passage dans notre jardin pour ne plus jamais y revenir. Deux mois plus

1. Néo fuguait une fois l'an. Il aurait certainement fugué plus souvent s'il nous avait su moins inquiets de ses absences.

tard, je rencontrai les propriétaires de Charente qui avaient placardé un avis de recherche. Charente avait disparu à son tour ! Elle me dit :

> **« Je n'ai plus ma place dans mon foyer. Ma place est prise par ma fille. Et j'ai perdu mon copain. Je suis partie sans intention de revenir. Je veux quitter ma vie. »**

Charente ne revint pas.

Leurs départs avaient un sens commun, que nous le comprenions ou pas.

LES MOTIVATIONS À TROUVER UN AUTRE FOYER

Partir définitivement n'est pas le résultat d'une décision anodine ou prise sur un coup de tête. Motivé par une perte de place au sein du foyer, par la perte d'un compagnon qui lui était cher ou par refus de continuer cette vie, le félin sait quitter son lieu d'accueil auquel, par ailleurs, il pouvait être très attaché.

Lilly, elle, ne se satisfaisait pas de son nouveau domicile. À la moindre absence prolongée de ses adoptants, elle filait jusqu'à sa précédente maison :

> **« Quand ils partent pour plusieurs jours, je reste seule à la maison. Pour assurer ma sécurité, je retourne sur mon premier territoire. J'y suis attachée affectivement. J'aimais particulièrement une pièce de la maison. Et j'aimais le jardin avec les arbustes. Je m'y sens en sécurité. C'est ma place. J'adore être là-bas. »**

Lilly est une des rares chattes interrogées à exprimer une préférence pour son ex-territoire plutôt que pour ses adoptants. Elle n'a rien à leur reprocher, sinon leurs vacances et l'absence de sécurité dans les environs de leur nouvelle maison. C'est son cœur qui la guide jusqu'à son précédent territoire :

> **« Il est gravé dans mon cœur. Quand je m'en rapproche, mon cœur est heureux. »**

À chaque fugue, elle était rapatriée à sa nouvelle adresse et le manège s'accéléra avec l'arrivée d'un jeune mâle. Finalement, elle fut adoptée par les occupants de SA maison.

La perte de place au sein du foyer[1] est une cause courante de départs. Cette sensation d'être privé de sa place est due à différents facteurs : absences trop fréquentes et non expliquées de la part de l'adoptant, présence d'enfants chahuteurs et/ou brutaux, maintien au foyer des chatons de la portée… Lorsque le chat n'a plus l'impression d'avoir sa place dans la famille, il ne ressent plus de motivation à y rester. Carambole s'est enfuie peu avant le retour de vacances de son adoptante, quasiment toujours absente. On ne la chercha pas. Elle ne revint pas.

Eol, elle, a quitté son foyer sincèrement aimé, car elle sentait que les projets portés par son couple d'adoptants ne lui permettraient pas de maintenir le lien puissant qu'elle avait établi avec eux :

> **« Je n'avais plus ma place auprès de mes H. L'un est souvent absent et son cœur est dédié à C. Ils sont en train de changer de vie. J'ai compris que la place qui m'allait rester ne me conviendrait pas. Leur vie va changer et je ne veux pas de la place qu'ils me réserveront. »**

1. Voir le chapitre « La place au sein du foyer », page 57.

Après cette communication, le couple me confirma qu'ils avaient planifier de partir vivre à l'étranger. Eol avait décidé de ne pas attendre ce départ et son placement dans un foyer qu'elle n'aurait pas choisi.

Balthazar[1] vivait dans un foyer animé, trop animé. Les enfants étaient chahuteurs, trop à son goût. Il décida finalement de demeurer auprès d'un foyer calme et sans enfants tapageurs. C'est également le cas de Naïfa qui explique :

« Je suis partie, j'habite ailleurs maintenant. Je vais bien. Non, je n'ai pas trouvé facilement de nouveaux adoptants, mais je les ai trouvés. Je suis chez des personnes âgées. Je suis prise en compte et aimée. J'étais aimée dans ma précédente famille, mais je n'avais pas ma place. Il y avait des enfants et je n'avais pas ma place à leurs côtés. J'ai envie de rester dans cette nouvelle maison. »

Le maintien au domicile d'un ou plusieurs chatons peut provoquer chez certaines mères la sensation d'avoir perdu leur place. La mère qui encourage normalement ses chatons à partir au terme de quelques mois, ne peut appliquer sa loi. Elle a donc l'impression que ses adop-

1. Témoignage cité dans le chapitre « La maison secondaire ou la double vie », page 195.

tants ne respectent pas sa place[1]. Chipie se fait ici la porte-parole de nombreuses mères :

> **« “Chez moi” est mon foyer d'avant qu'on ne garde mes chatons. Ce sont mes coussins et mon jardin. Mes chatons auraient dû partir. Eux restant, c'est moi qui suis partie de “chez moi”. Même si j'en suis partie, cela reste mon “chez-moi”. »**

Pour nouveau foyer, Chipie avait choisi la maison voisine. Elle était arrivée en un lieu accessible à ses adoptants. Mais les chats qui partent rejoignent souvent un nouveau foyer bien plus lointain, justement pour couper les ponts. D'ailleurs, ceux qui se font recueillir peuvent nous fournir quelques témoignages.

TÉMOIGNAGES DES « ARRIVANTS »

Les chats et chatons chassés ou migrants recherchent soins et tendresse. Capucine est arrivée dans notre jardin alors qu'elle était encore chatonne. Pourquoi avait-elle quitté son chez-elle ?

> **« J'ai été mal traitée dans la famille où je suis née. Mal traitée signifie ne pas être soignée, être prise dans les bras et jouer avec moi sans respect pour mon être. Je ne suis pas un jouet. Et puis, j'ai été mise dans un cabanon. Alors, je suis partie pour arriver dans ton jardin. »**

Effectivement, elle n'avait pas été soignée : elle avait l'œil pleurant, le poil terne et sentait mauvais ! Elle entretenait surtout des vers intestinaux. Il est aussi intéressant de noter que Capucine exprime un besoin de

1. Voir le chapitre « La maternité », page 145.

délicatesse et de respect pour son être. Même si dans ce livre je ne cite qu'elle, elle n'est pas la seule chatonne à considérer les grosses paluches humaines comme dérangeantes et désagréables. Les chatons ont besoin de délicatesse et de ne pas être manipulés comme des objets d'attraction.

En huit jours, je lui trouvai un lieu d'accueil. Elle sembla enchantée d'être emmenée par sa nouvelle adoptante, car le jour du départ, elle courait en tous sens et s'apaisa dès l'arrivée de cette personne.

C'était à la campagne. Sadhana arriva un beau matin. Il semblait âgé de 5 mois. Il ne dit rien de son passé ni des kilomètres parcourus. Tout semblait incertain et il n'avait pas établi de plan :

> **« Je vais rester dans cette maison un certain temps, peut-être un ou deux ans. Alors, j'aviserai et je continuerai peut-être mon chemin. »**

Il est apparu que Sadhana avait un problème moteur et il se fit percuter par un véhicule quelques semaines plus tard.

Zouzou fut le plus loquace des chats recueillis. Gros mâle entier, il était en piteux état :

> **« Je ne viens pas de ce quartier. Ma maison d'origine est assez éloignée. Je dirais une dizaine de kilomètres. Voilà longtemps que j'en suis parti. J'ai fait plusieurs étapes avant d'arriver ici. Et je suis prêt à repartir si je ne trouve pas ce qui me convient. »**

Il sembla se contenter des gamelles déposées pour lui dans le jardin. Il ne cherchait pas la présence humaine, seulement celles de ses congénères. Resta-t-il dans cette maison ou continua-t-il son chemin ?

Ces trois témoignages émanent de chats qui ont trouvé un refuge temporaire avant de poursuivre leur route. Combien faut-il de haltes avant de parvenir au lieu de son choix ? Zouzou dit « plusieurs », comme si, finalement, cela n'avait pas d'importance. Princesse est arrivée un beau matin auprès d'un couple. Fuyant la maltraitance, elle avait mis le cap sur ce foyer sans autre précision sur son cheminement.

Ces aventures tendent à montrer que les chats ne sont pas naturellement sédentaires. Ils quittent leur terre d'accueil, qu'elle soit la première ou la énième, pour quérir ailleurs ce dont ils ont besoin. Aussi incompréhensibles ou difficiles à accepter que puissent être leurs décisions, leur reconnaître pleinement cette liberté de choix fait partie du respect que nous leur devons en tant qu'êtres vivants dotés de volonté et d'une grande sensibilité.

Retrouver son chat « disparu »

« La capacité à calculer fait partie de la boîte à outils universelle des êtres vivants. »

Marc Hauser

Lorsque notre chat préféré n'est pas rentré au terme de vingt-quatre heures, nous le considérons comme « disparu ». Ce terme reflète notre vision de la situation. En réalité, notre chat, lui, ne se sent pas « disparu ». En vertu d'une motivation personnelle, il est parti et s'est installé quelque part. Il n'est pas égaré. Lui sait où il est. À nous d'en déterminer le lieu.

Les félidés possèdent un excellent sens de l'orientation et des capacités spatio-temporelles soutenues par une bonne aptitude au calcul[1]. L'existence de ces trois capacités chez les mammifères et les oiseaux a été démontrée par d'innombrables études. Les capacités spatiales et d'orientation sont utilisées pour développer et sécuriser le territoire. Elles permettent aussi de chasser et, pour celui qui aurait été éloigné

1. Dont la capacité à additionner et à soustraire. Les neuropsychologues comme Nieler, Freedman et Miller ont détecté que les réseaux neuronaux, impliqués dans l'arithmétique, au niveau des cortex pariétaux et frontaux sont largement similaires chez l'homme et les primates. Voir Yves Christen, *op. cit.,* p. 61.

de son territoire, d'y retourner. Les capacités temporelles permettent à tout être vivant de se situer dans le temps. Enfin, l'aptitude au calcul est exploitée au quotidien pour compter les petits - ou les œufs -, les proies comme les ennemis.

Le chat est bien sûr pourvu de ces talents. Dans ses pérégrinations quotidiennes, il se repère grâce à la mémorisation et à la synthèse de différentes données olfactives, visuelles et kinesthésiques : les marquages (phéromones, urine, etc.) laissés par les uns et les autres comme par lui-même, les parfums des végétaux, l'emplacement des arbres et des arbustes ainsi que la composition des sols grâce aux vibrisses situés sous et à l'arrière de ses pattes. Toutes ces informations sensorielles alimentent sa connaissance spatiale et sa capacité d'orientation. Ses facultés de calcul servent d'abord à calculer la distance qui le sépare de sa proie et de la force qu'il doit mettre en œuvre pour l'attraper. Elles servent aussi à comptabiliser la distance parcourue.

Le rôle de la mère chatte est de développer ces aptitudes chez ses chatons avant de les inciter à la quitter. Grâce à cet apprentissage, le chat se promène, confiant dans son habilité à retrouver son chemin où qu'il aille. Si la mère n'a pas pu mener à bien cette tâche, il vous revient de promener régulièrement votre jeune chat - libre, mais équipé d'une longe pour le récupérer si, prenant peur, il s'enfuit - dans des espaces sécurisés, tout en lui traçant le chemin. Voici la méthode que nous avions appliquée avec Néo dès ses trois mois :

> **« Néo a été élevé auprès de sa mère exclusivement en intérieur. Lorsque nous l'avons adopté à ses 3 mois, l'extérieur lui était inconnu. Habitant nous-mêmes en appartement à cette époque, nous voulions malgré tout lui faire découvrir la nature. Nous avons alors pris l'habitude de l'emmener au bois, dans une zone et à des heures peu fréquentées. Mon mari ouvrait**

la marche et je la fermais. Néo était au centre, équipé d'une longe de 5 mètres. Nous empruntions à chaque promenade le même chemin. Au fil du temps et des balades, Néo faisait des écarts de plus en plus larges. Mon mari demeurait sur le bon chemin tandis que je suivais notre "élève" jusqu'à ce qu'il rejoigne la tête de l'équipée. Nos randonnées duraient deux heures. Cet exercice régulier lui a permis de mettre en pratique ses aptitudes innées. C'est ainsi que, par la suite, il manifesta un excellent sens de l'orientation, même dans les lieux inhabituels. »

À défaut d'éducation ou de pratique, le chat risque de se perdre lors de ses premières sorties. Tandis que les chats aguerris à leur environnement, même s'ils disparaissent plusieurs jours, sauront revenir chez eux.

Comment le chat perçoit-il son environnement ? Peut-il le décrire pour nous aider à le récupérer ?

RECONNAISSANCES, APTITUDES SPATIALES ET CALCUL DES DISTANCES

Lorsque j'interroge un chat disparu, il évoque ce qui fait sens pour lui, ce qui appartient à son univers, son *Umwelt*[1]. Selon cette théorie, chaque être vivant perçoit son environnement selon ses propres capacités sensorielles. Et son auteur remarque : « *Le fin carrelage que tâte la fourmi en cheminant sur la tige de fleur n'existe pas pour la main de la jeune fille qui la cueille et encore moins pour le mufle de la vache qui s'en nourrit.* »

De même, un chat perçoit son environnement en fonction de ses références et de ses perceptions. S'il a vue sur l'extérieur ou s'il y a accès,

1. « Monde propre » en français. Théorie élaborée par Jacob von Uexküll en 1934.

Merlinou

il connaît bien les éléments naturels: végétation, minéraux, climat, animaux... Il les décrira en priorité.

Par exemple, Einstein - disparu depuis trois jours - dépeint les alentours immédiats en commençant par citer la végétation et le climat, puis il termine sa description par ce qui fait sens pour les hommes:

> **« Je suis sous un bosquet d'arbustes, à l'abri de la pluie. D'ici, je vois de la pelouse, un immeuble avec un chemin et des parkings à 50 ou 100 mètres. Il y a beaucoup d'immeubles autour. L'immeuble à côté duquel je suis n'est pas le mien. »**

Son propos témoigne également de la distance, même relative, jusqu'à laquelle il peut voir.

Enki aborde la topographie de façon similaire:

> **« Il y a une prairie humide, mais je suis allongée sur un endroit sec. Il y a des arbres épars et plus loin, il y a un bois. »**

Si, comme nous l'avons vu, la description des éléments naturels s'avère précise, ce n'est pas toujours le cas des éléments industriels ou humains. Par exemple, pour décrire une « boutique », les chats parleront d'un lieu où entrent et sortent des humains. En outre, ils ne connaissent pas le béton, ni les bouches d'aération.

Mimie visualise sa cachette, où elle entre et sort à sa guise, de la façon suivante:

« Sol gris et froid, espace étroit, bas de plafond, sombre, grand ouvert d'un côté et étroit de l'autre. »

J'envisageais un espace de type cave ou un placard ouvert, ou encore un dessous d'escaliers en sous-sol. Il s'agissait en réalité d'une bouche d'aération donnant sur un rez-de-jardin et dont la grille était tombée à terre.

Les descriptions du contexte manquent parfois de précision. Par exemple, Eol, après cinq jours d'absence, se montre « entourée de vieilles pierres et [je] regarde en l'air pour voir la lumière ».

S'agissait-il d'un conduit de cheminée, d'un puits ou des murs d'une vieille bâtisse en ruine ? Quelle était la hauteur du mur sachant qu'un chat assis fait 40 centimètres ? Eol étant finalement revenue d'elle-même, on ne saura jamais à quoi correspondait cette cachette.

Cette différence de conception de l'environnement s'atténue avec la maturité et l'expérience. Un chat adulte fréquentant les hommes depuis quelques années connaît plus facilement les objets humains et sait, par exemple, ce qu'est une voiture. Tandis qu'un chaton parle d'un objet qui passe vite en générant des vibrations et du bruit. C'est ainsi que s'est exprimé Cannelle, un jeune chaton de 2 mois, disparu quinze jours après ses frère et sœur :

« Ici, on joue dans les feuilles mortes. Je peux rentrer dans un abri par un orifice. Il y a un chemin devant. Des fois, il y a un bruit qui résonne dans l'abri. Je crois qu'on a beaucoup marché depuis la maison. »

Ces quelques détails ont suffi à l'adoptant pour retrouver toute la famille bondissant autour d'un vieux petit grenier entouré de feuilles mortes. Les chatons passaient sous la porte pour s'y abriter, et des voitures circulaient de temps à autre sur la route. Le tout situé à une centaine de mètres du domicile.

Pour comprendre ce qu'évoque un animal, il est impératif de s'adapter à sa représentation du réel. Il s'agit de conserver l'esprit ouvert pour comprendre ce qu'il signifie.

Les capacités spatiales d'un chat sont stimulées à tout moment. Par exemple, il a suffi d'un seul voyage (aller et retour) en voiture pour que Naïs repère les premiers 500 mètres autour de la maison. Depuis, les rares fois où elle monte en voiture, dès que nous revenons dans ce périmètre, elle gratte énergiquement à la fenêtre et miaule d'impatience. Elle réclame à sortir alors qu'elle s'est tenue sage des centaines de kilomètres. Quant au chat Casper, qui monte dans le bus pour effectuer le tour complet de la ligne, a-t-il, comme Naïs, repéré le paysage environnant pour descendre au bon arrêt ?

Les capacités spatiales sont intrinsèquement liées à la capacité de calcul. Chacun des fugueurs est capable de quantifier la distance parcourue, même de façon approximative, et de se situer par rapport à chez lui. Les mâles entiers sont les seuls à parcourir plusieurs kilomètres. Les femelles non stérilisées ont un rayon d'évolution moindre tout comme les chats domestiques stérilisés.

Pitchounette, elle, a compté en nombre de jardins :

> **« Je suis tout près de chez moi, à environ trois ou quatre jardins. »**

À cette distance, elle sait parfaitement revenir chez elle. Mais il a pourtant fallu aller la récupérer. La plupart des autres chats s'adaptent aux unités de mesure. C'est le cas d'Einstein :

> **« D'ici, je vois des parkings à 50 ou 100 mètres. »**

C'est aussi le cas de Mimie, qui sait avoir parcouru « environ 200 mètres depuis chez moi ».

Les chats mâles, stérilisés ou non, peuvent parler en kilomètres :

> **« Je suis dans un espace semi-boisé, à environ 1,5 à 2 kilomètres »**, déclare Saïgon.

Et Zouzou situe approximativement son lieu de départ :

> **« Ma maison d'origine est assez éloignée. Je dirais une dizaine de kilomètres. »**

Comment connaissent-ils nos unités de mesure ? Comme j'ai pu le préciser précédemment, j'ai tendance à supposer que mon cerveau traduit les informations reçues dans le langage et les références auxquels je suis habituée.

Si les chats se sont trop éloignés de chez eux, leurs capacités spatiales et de calcul ne leur suffisent pas toujours à reprendre la bonne direction. Ils mettent alors en œuvre leur capacité d'orientation.

LA CAPACITÉ D'ORIENTATION

Savoir s'orienter implique d'avoir conscience de son environnement. L'indéniable capacité d'orientation des animaux a été le sujet de nombreuses études que résume ainsi le biologiste Yves Christen : *« Les animaux ont des cartes spatiales pour se repérer dans leur environnement. [...] Ils possèdent une représentation mentale de l'espace*[1]. »

Les « cartes spatiales » sont une production cognitive issue d'informations sensorielles. Elles sont gardées en mémoire et mises à jour au

1. Yves Christen, *op. cit.*, p. 47 et 70.

gré de l'évolution des paramètres environnementaux. Elles sont exploitées pour vivre au quotidien sur le territoire. C'est ce qu'on appelle une « représentation mentale et évolutive de l'espace ».

Le chaton qui a été éduqué en intérieur est désorienté lorsqu'adulte, il est amené à sortir. Mais très rapidement, il pose des repères, jalonne son parcours et crée une carte mentale de son environnement. Progressivement, il élargit son champ d'action et part à la découverte d'un plus vaste territoire. Cette capacité est si naturelle que Merlinou ne comprend pas qu'on puisse imaginer qu'il se perde :

> **« Je ne peux pas me perdre ! Je suis un chat. »**

Je parle plus volontiers de capacité d'orientation plutôt que de sens d'orientation depuis le témoignage de Lilly. La parole ayant déjà été donnée à plusieurs reprises à cette gente chatte, vous savez déjà que Lilly a quitté son premier territoire. Lors du déménagement, elle a été emmenée en voiture et, qui plus est, dans une caisse de transport. Par conséquent, elle n'a pas pu observer le parcours emprunté. Néanmoins, elle sait se rendre à son ancien chez-elle distant, approximativement et à vol d'oiseau, d'un kilomètre et demi. De toute évidence, la première fois qu'elle y est retournée, elle ne connaissait pas le chemin. Lorsqu'elle évoque son mode de repérage, contre toute attente, elle ne parle pas de repères astronomiques (Soleil, Lune), ni de repères topographiques (haies, routes, croisements, forêt…), ni de repères géomagnétiques (champs magnétique et points cardinaux…). Elle décrit sa capacité d'orientation comme « naturelle » et parle de « vision » de la destination finale[1] :

> **« C'est comme si je voyais la destination. Je passe par les pelouses et les jardins. Cette orientation m'est naturelle. Je sais où est situé mon coin à moi. »**

1. Sur le sujet, lire mon article sur mon blog de la communication animale : http://communicationanimale-es.blogspot.fr/2013_10_01_archive.html.

Elle déclare simplement qu'elle suit les indications de son cœur :

> **« Il est gravé dans mon cœur. Quand je m'en rapproche, mon cœur est heureux. »**

Le cœur est son seul guide... Difficile de commenter cette réponse.

Lilly n'est pas la seule à parcourir des kilomètres sans en connaître le chemin. Ces dix dernières années, trois histoires de chats ayant traversé la France ont été recensées. L'un a parcouru 800 kilomètres pour rejoindre ses adoptants sur un lieu qu'il ne connaissait pas[1]. En 2013, un second, Cookie, a parcouru, 1 200 kilomètres traversant la France, du Sud jusqu'en Bretagne pour rejoindre son adoptante[2]. Quant à Charlie, mécontent de son lieu de vacances en Normandie, il l'a quitté pour retourner sur son territoire habituel en proche banlieue parisienne[3]. Deux mois lui furent tout de même nécessaires pour parcourir 400 kilomètres et achever sa route, épuisé, à 10 kilomètres de chez lui. Son tatouage lui a permis de retrouver enfin son foyer et son territoire.

1. http://www.ladepeche.fr/article/2007/04/20/19422-insolite-chat-fait-800-km-rentrer-chez-selon-maitres.html.
2. http://www.lci.fr/faits-divers/la-belle-histoire-du-jour-apres-avoir-parcouru-toute-la-france-le-chat-cookie-retrouve-sa-maitresse-1566198.html
3. Témoignage directement recueilli auprès des propriétaires et ayant été repris par le magazine *30 Millions d'Amis* sur France 3.

Ce phénomène[1], manifestement réputé, a été appelé le « pistage mental », ou le « *homing* » en anglais.

Est-ce que ces chats se sont laissés guider par leur cœur ou bien ont-ils utilisé, malgré tout, leurs capacités d'orientation ? On peut aisément envisager que le sens de l'orientation soit mis à profit lorsque le chat se rend sur un lieu familier. Mais comment cela se peut-il lorsqu'il s'agit d'une destination totalement inconnue ? Ces expéditions au long cours demeurent un mystère pour nous, les humains.

La réponse de Lilly pourrait s'avérer être la meilleure : ils suivent leur cœur. Bien que cette réponse ne puisse être prouvée, elle fait sens si on la met en relation avec leurs capacités de connexion de conscience à conscience. À ce jeu, certains sont meilleurs que d'autres. Qu'il s'agisse d'humain ou d'animal, tous les individus n'ont pas les mêmes aptitudes.

LES NOTIONS DE TEMPORALITÉ

Des études menées sur le sens de la perception du temps chez les animaux montrent qu'ils ont une notion du passé, du présent et de l'avenir. S'ils ont des capacités cognitives, spatiales, mnésiques et de communication, il est cohérent qu'ils aient également la notion du temps.

Lors de mes questionnements, les chats fugueurs répondent en parlant d'« avant-hier », de « maintenant », de « ce soir » ou encore de « dans deux ou trois jours ».

1. Le vétérinaire Philippe de Wailly a recensé dans son livre quelques histoires incroyables de chats et de chiens qui parcourent des centaines de kilomètres pour rejoindre leurs adoptants.

Ces termes sont l'expression d'une notion globale du temps. Mais savent-ils se situer précisément sur vingt-quatre heures, par exemple ?

Pour les chats vivant à nos côtés, on peut sereinement envisager qu'ils ont compris nos références horaires. Si aucun des chats interrogés n'a parlé en heures, Néo a quand même demandé à être prévenu « de l'heure de notre retour[1] ». Par cette demande, il a prouvé que lui, au moins, savait faire un lien entre l'heure de départ et la durée de notre absence. En outre, lorsque je demandais à Néo, et demande encore à Naïs, de rentrer à la maison pour une heure donnée, je dois leur reconnaître un sens certain de la ponctualité.

Quelle que soit la précision de leur gestion du temps, les chats ont conscience du temps qui s'écoule et peuvent l'exploiter à leur profit lorsqu'ils se baladent.

LORSQUE LE CHAT A DISPARU…

Si le chat n'a pas eu l'intention de quitter définitivement son foyer, il utilisera ses aptitudes spatiales, de calcul et d'orientation pour y revenir. Dans tous les cas, s'il n'est pas rentré à l'heure habituelle, appelez-le mentalement et à voix haute. S'il n'a pas pointé son minois au terme de vingt-quatre heures, une prise de contact par un communicateur animalier pourra favoriser un retour plus rapide. S'il attend d'être retrouvé, il donnera des informations sur son lieu de repli et ses motivations à ne pas rentrer.

Lorsqu'on connaît bien les alentours, il est vivement conseillé de se rendre sur les lieux décrits pour appeler le fugueur. Le chat est indubitablement sensible à l'appel de ses compagnons humains, et ce, quel que soit le reproche qu'il leur fait. Il sortira alors de sa cachette au moment qui lui

1. Voir le chapitre « Être prévenus », page 63.

semblera opportun. Il s’agit le plus souvent de la tombée de la nuit, bien que chaque chat ait « son » heure.

Certains événements empêchent parfois le retour de l’animal : blessure, enfermement, etc. Là encore, il décrira les obstacles auxquels il est confronté. Il peut s’être involontairement éloigné et avoir perdu ses repères. Je prodiguerai alors un rappel élémentaire d’orientation. Enfin, le félin peut être parti sans intention de revenir. En ce cas, si le contact est établi, il s’abstiendra de donner des informations utiles. Il peut aussi refuser d’établir le contact.

À tout animal « disparu », une écoute est la bienvenue. S’il veut signifier un mal-être, il sera entendu. S’il est parti pour mourir au loin, il mourra apaisé. Car, même dans l’acceptation de leur fin de vie, les chats aiment à reprendre contact avec leur compagnon. Les chats semblent être pleinement conscients de l’approche de leur mort. Mais comment la vivent-ils ?

La mort

« C'est cette acceptation et cette familiarité avec la mort qui permettent à certains animaux de l'anticiper, de la ressentir. »

Philippe de Wailly

« *Jamais l'animal ne saura ce que c'est que de mourir* », écrivait Jean-Jacques Rousseau, le premier philosophe des Lumières à revendiquer une nécessaire proximité avec la nature. Cette – fausse – croyance est demeurée un postulat dans l'histoire de la philosophie occidentale, au point que certains philosophes de notre XXIe siècle en sont encore convaincus. Refuser d'accorder la connaissance de la mort à l'animal relève d'abord d'une convenance intellectuelle, car elle permet d'entretenir le mythe de la supériorité de l'homme. En effet, que l'homme puisse avoir conscience de la mort est un élément supplémentaire prouvant sa prééminence. Les humains ont créé, depuis des millénaires et dans toutes les cultures, des élixirs de jouvence, des rites de passage pour une renaissance dans l'au-delà, mais aussi des religions promettant un paradis rédempteur. Cette préparation à la mort est la démonstration même de la connaissance de la fin de la vie. On peut aussi y voir l'expression de la peur de la mort ou encore une volonté de la dompter.

A contrario, rien de tout cela chez les animaux. Ils semblent accepter la mort et ne pas connaître le deuil. C'est ce silence apparemment désinvolte – ou plutôt la méconnaissance du sujet – qui a longtemps fait dire aux philosophes que les animaux ne connaissaient pas la mort. Et pourtant, le vétérinaire Philippe de Wailly confirme que les animaux ont conscience de la mort, de la leur comme de celle des autres[1].

LA MORT, UN PASSAGE ASSUMÉ

Chez les animaux, la mort fait partie intégrante du cycle de la vie. Elle est un passage qui permet de quitter leur corps et de s'engager vers une autre étape. Elle n'est pas crainte. Elle est à vivre. Il en va de même pour les chats.

Relax avait été emmené dans le Sud de la France. Un jour de la fin du mois d'août, il trouva confortable un cabanon à environ 500 mètres de chez lui. C'était sans compter que les vacances prenaient fin. Le cabanon ne s'ouvrit pas, ni le lendemain ni plus tard. Lors de ma première communication avec lui après une semaine d'absence, Relax tempêtait :

> **« Qu'on vienne me sortir de là ! »**

Mais personne n'alla le chercher, et une semaine plus tard, il s'était résolu à quitter sa vie :

> **« J'ai abandonné la partie. Je suis résigné. C'est ainsi. Je mourrai ici, en rond. »**

Cette philosophie de l'acceptation de la mort est commune à tous les animaux, même ceux qui sont soignés. Tsar, à qui le vétérinaire annonce une fin proche, explique :

> **« De toute façon, la mort n'est qu'un passage. Elle fait partie de la vie. »**

1. Philippe de Wailly, *Le Sixième Sens des animaux*, Éditions du Rocher, 2001, p. 78.

Byzance, atteinte d'un cancer, confirme ce principe du laisser-faire quand bien même elle fait la sourde oreille à sa maladie :

> **« Quelle idée de se battre pour survivre ! Pour quoi faire ? Aucun animal ne se bat pour survivre s'il sait que son heure est arrivée. Nous, les animaux, ne sommes pas accrochés à la vie. Quand mon heure sera venue, j'aimerais mourir tranquillement à la maison auprès des miens. La souffrance de fin de vie n'est rien pour nous, comparée à la joie du partage. »**

Minouche, une chatte semi-domestique, fut quant à elle subitement paralysée des quatre membres sans que le vétérinaire n'en comprenne la cause. Elle ne cessa pas pour autant de s'alimenter :

> **« Je suis confortablement installée et, en plus, on prend soin de moi. J'en profite agréablement. Ça ne me donne pas envie de mourir. Qu'on me garde ainsi au chaud et à l'abri. Je ne crois pas à ma guérison. Je sens bien que la maladie va m'emporter. Et que je n'y peux rien, ni personne d'autre d'ailleurs. »**

Malheureusement, sa soigneuse, qui devait partir, ne savait pas où la placer en son absence. Minouche se « força » à décéder avant le départ de sa soigneuse alors que sa paralysie n'impliquait pas une mort imminente.

La mort est non seulement assumée, mais elle peut aussi être appelée, comme l'a fait Minouche. Vivant dans l'intimité de leur compagnon humain, les animaux domestiques en ressentent avec intensité les évolutions, dont certaines peuvent directement impacter leur environnement et leurs conditions de vie. Ils perçoivent ces transformations comme des signes qu'il est temps pour eux de partir. C'est à leurs yeux le « bon » moment – même si l'adoptant pense l'inverse.

Tout autant que les chats sont conscients de leur état de santé, ils savent également si leur mort est proche. Ils s'y préparent et réclament de la vivre dans les conditions dont ils ont envie.

LA MORT, UN MOMENT PRESSENTI ET COMPRIS

Les chats pressentent que leur fin approche. Ils l'annoncent plus ou moins ouvertement selon qu'elle est acceptée ou subie (empoisonnement, accident, capture ou mort par violence humaine…).

En toute coïncidence, j'écoutai Maïa-Râ deux jours avant qu'il ne soit mortellement percuté par une voiture. Je ne le reconnaissais plus. D'un tempérament loquace et partageur, il était devenu nerveux et mutique. Il n'annonça pas son décès, mais sa nervosité était sans doute relative à la prescience de sa mort :

> **« Je suis énervé. Il y a trop de tension dans le quartier. Je me sens électrique depuis un mois. Toute cette tension ambiante me rend nerveux et me rend plus agressif. Je suis tendu en ce moment ; inutile de chercher des câlins. »**

Son adoptante le retrouva recroquevillé auprès de sa voiture. Percuté la nuit par un véhicule, selon le vétérinaire, Maïa-Râ avait eu la force de revenir jusqu'à ce refuge bien connu.

Avoir conscience de sa mort prochaine ne signifie pas que celle-ci sera douce. Les chats savent et admettent que ce passage peut être long et douloureux. Lorsque la mort tarde, ils vivent leurs derniers jours, ou leurs derniers instants, recroquevillés sur eux-mêmes, avec pour seul objet de laisser la mort les emporter. Lorsqu'ils sont en phase terminale, ils préfèrent mourir en paix, à domicile, sans acharnement thérapeutique et sans que les humains accélèrent ce passage. Ce fut en tout cas le souhait de trois chattes, Kobé, Fantasia et Chipie.

Kobé, très malade, avait été emmenée chez le vétérinaire, car son adoptante tentait un ultime sauvetage. Kobé rejeta cette proposition :

> **« Je veux partir. Nous, les chats, avons notre liberté de partir. Je ne veux pas qu'on me prive de cette liberté. Je suis enfermée, seule, loin de chez moi [chez le vétérinaire]. Je veux qu'on me ramène à la maison et qu'on m'installe dans un coin pour mourir tranquille. Je ne tiens pas à ce que les humains facilitent mon départ. Tu sais, les chats ont besoin d'être seuls un certain nombre de jours pour passer de vie à trépas, pour laisser agir la transformation. C'est notre façon de mourir à nous. »**

Kobé fut rapatriée dans son foyer, mais les jours passant, son adoptante décida de faire abréger ses souffrances.

Dans les mêmes conditions, Fantasia réclama d'être ramenée chez elle et rejeta tout soin :

> **« Je n'en peux plus. Je suis trop faible, la vie me quitte. Je veux m'en aller. Je n'ai pas envie de guérir. Je ne veux plus de cette vie. J'ai eu un compagnon à la maison, mais je ne l'ai plus. Ce compagnon me faisait du bien. Je me sens épuisée et sans envie. La vie ne me touche plus. Je ne veux pas être euthanasiée. Je veux finir ma vie tranquille. »**

Et Chipie attendait impatiemment de rentrer chez elle :

« Je ne veux rien. Je ne veux plus rien. Je laisse les événements agir. Je suis à l'aise avec ce choix. Qu'on me ramène chez moi pour mourir. Au moins, je mourrai chez moi. »

Ces paroles sont prononcées durant les derniers jours de la vie. Les chats demandent à mourir en paix chez eux. Certains peuvent accélérer la survenue du décès tandis que d'autres la retardent. Ils assument leur choix jusqu'au bout. Il nous revient, à nous compagnons humains, de les soutenir pour passer cette étape conformément à leurs souhaits. Car, si nos chats étaient les seuls à être impliqués, la mort ne serait rien de plus qu'un passage. Mais ils ressentent l'attachement que leur porte leur adoptant et sa résistance à accepter leur disparition. Ce lien affectif freine le processus qu'ils ont enclenché vers la mort, alors qu'ils ont justement besoin de s'alléger du poids terrestre pour partir dans la sérénité. S'éloigner physiquement du foyer d'attachement est ainsi, chez certains d'entre eux, la seule façon de distendre ce lien pour se redonner le libre choix de leur mort.

La vieillesse, la maladie ou les accidents sont bien sûr les principales causes de décès. Mais les chats, comme d'autres mammifères, se laissent également mourir de chagrin ou de dépression.

LA MORT, UNE SOLUTION À L'IMPOSSIBLE DEUIL[1]

Les animaux peuvent se montrer inconsolables de la disparition d'un des leurs ou d'un représentant d'une autre espèce[2]. Les éthologues relatent de nombreuses observations de mammifères qui se sont laissés dépérir après le décès d'un être d'attachement. Ce peut être leur mère,

1. Voir le chapitre « Le deuil », page 249.
2. Philippe de Wailly, *op. cit.*, p. 76.

notamment pour les jeunes, un congénère, ou même un être d'une autre espèce. Mark Bekoff, spécialiste de renommée mondiale du comportement animal, affirme que «*chez la bête, avec la perte du conjoint, vient parfois aussi celle du goût de vivre, pouvant aller jusqu'à provoquer la mort*».

Ce fut le choix de Charente[1] qui partit mourir loin de son foyer, triste d'avoir perdu son copain Néo.

Frans de Waal[2] relate également la fin tragique de sa chatte qui avait perdu son être d'attachement :

> **« Et il y eut notre chatte, Sarah, qui avait été adoptée encore chaton par notre gros matou, Diego. Il la léchait et la toilettait, la laissait lui pétrir le ventre avec ses pattes [...] et dormait avec elle. Pendant dix ans, ce furent les meilleurs amis du monde, jusqu'au jour où Diego mourut de vieillesse. Bien que plus jeune et en parfaite santé, Sarah cessa de s'alimenter et mourut deux mois après lui sans que le vétérinaire ait pu en déterminer la raison. »**

Heureusement, tous ne se laissent pas emporter et certains décident au contraire de prolonger leur vie terrestre.

REPOUSSER SA MORT

Avec le départ de leur bien-aimé·e, les chats peuvent perdre en vitalité, tomber malades et déclarer qu'ils vivent leurs derniers jours ou leurs derniers mois. Mais l'amour et les liens tissés avec les hommes ont parfois

1. Voir le chapitre «Les motivations au départ», page 209.
2. Frans de Waal, *op. cit.*, p. 24.

raison de l'appel des âmes sœurs défuntes. Continuer à honorer l'amour de leurs compagnons terrestres est finalement leur choix. Ceux-là ont survécu plusieurs mois ou plusieurs années.

Mystère a perdu son amie d'enfance avec qui il partagea dix-sept ans de voisinage, de gamelles et d'adoptants le temps des vacances. Sa santé commença alors à décliner :

> **« Je veux te dire que bientôt je vais partir. Pas tout de suite, bien sûr, mais c'est ainsi que je le sens. Je me fais vieux. Je sens que je fatigue. Je n'ai plus d'entrain ni beaucoup d'envies. Un jour, je ne résisterai plus à ce froid qui m'emportera. L'environnement évolue et je sais que je peux partir. Il me reste un lien fort avec H. Sans lui, je serais déjà parti. Je sens et j'entends des appels venant de l'au-delà. J'aimerais les tenir encore éloignés de moi. Car je suis attaché à mes habitudes, à mes câlins, à mes coussins. Ce n'est pas facile de partir. En tout cas, je ne me presse pas. »**

Ses adoptants lui ont demandé de rester encore une année au moins, pour H. justement. Mystère a repris de la vitalité et a vécu trois années après cet épisode pour mourir à l'âge de 20 ans.

Quant à Lou, il est vieux et a perdu Fantasia, l'une de ses deux colocataires. Il décline tellement qu'il est emmené chez le vétérinaire :

> **« J'en ai marre, je veux partir. Je souffre, mon corps dit stop. Peut-être pourrez-vous me soigner et cela me permettra de rester encore un peu avec vous. Mais ce n'est que partie remise. Je n'ai plus d'intérêt pour la vie terrestre. Tu sais, je ne chasse plus. Je suis un vieux mâle et n'ai plus d'intérêt dans cette vie. L'essentiel de ma vie est passé. Que me reste-t-il à faire, sinon tenir compagnie à ma colocataire ? Elle ne**

veut pas que je meure, elle me demande de rester, mais je n'en ai presque pas envie. La logique veut que je m'en aille et que je cède la place à plus valide que moi. »

Sa colocataire et son adoptante ont manifestement pesé de tout leur poids, car Lou a guéri et est rentré à la maison.

Bien souvent donc, si les chats se battent pour survivre, ce n'est pas pour eux-mêmes, mais pour leur compagnon humain qui manifeste tant de tristesse. Byzance, aussi, résista à la mort plusieurs semaines. Est-ce sa joie du partage qui la retint si longtemps ? Les chats semblent, bien mieux que nous, contrôler la mort, en l'assumant, en l'appelant ou en y résistant en toute conscience. Et cette conscience ne s'arrête pas à eux-mêmes. Ils ressentent la mort, prochaine ou passée, de leur congénère ou de leur être d'attachement.

LES ANIMAUX ONT AUSSI CONSCIENCE DE LA MORT D'AUTRUI

Le vétérinaire Philippe de Wailly relate de nombreuses histoires véridiques de chiens ou de chats ayant averti leur adoptant d'un danger mortel et leur ayant ainsi sauvé la vie. Et, à l'instar de bien d'autres médecins, il raconte aussi les cas d'animaux de compagnie qui ressentent, en avance ou à distance, la mort de l'un des leurs, congénère ou humain.

L'entomologiste Miriam Rothschild[1] a découvert que les insectes émettent à leur mort des molécules. Étonnamment, ils produisent, à l'identique, une bouffée de ces substances lorsqu'ils font semblant de

1. Yves Christen, *op. cit.*, p. 245.

mourir. L'émission de molécules spécifiques par un mourant pourrait ainsi apporter une explication scientifique au phénomène de ressenti de la mort par les animaux[1]. Pourtant, l'émission de telles molécules chez l'homme n'a pas été prouvée.

Le cas d'Oscar prouve l'existence chez les chats de cette prescience de la mort d'autrui. Dans l'unité Alzheimer du centre gériatrique de Providence dans l'État de Rhode Island, aux États-Unis, Oscar, né en 2005, a accompagné plus de 25 personnes dans les dernières heures de leur vie. Ses exploits ont fait l'objet de très nombreux articles[2] dans la presse généraliste, mais aussi dans la revue médicale *The New England Journal of Medecine*. Oscar s'installe sur le lit des seuls patients dont le décès est imminent. Une fois la personne décédée, il quitte la pièce.

La question que tout le monde se pose est la suivante: « Comment sait-il que les patients vont décéder ? » Bien sûr, je lui ai posé la question, et voici ce qu'il me répondit:

> **« Parce que leurs chakras sont éteints et que leur corps est totalement gris. »**

Jusque-là, sa réponse est logique, de mon point de vue tout du moins. Car, effectivement, lorsque tous les chakras sont éteints, la mort est imminente. Et d'autre part, je n'ai aucun doute sur le fait que les chats – même si ce n'est pas le cas pour tous – voient l'aura. Mais pourquoi Oscar accompagne-t-il ces mourants-là et pas d'autres ?

1. Un chien possède 220 millions de cellules olfactives, selon l'éthologue Michel Chanton.
2. Il suffit de taper dans un navigateur « Oscar chat hôpital » pour découvrir les articles et vidéos à son sujet. Le médecin de l'unité de soins David Dosa a même écrit un livre, *Making Round with Oscar*. Voir: http://daviddosa.com/pages/.

« Chez les malades d’Alzheimer, il y a un besoin d’une reconnexion entre le corps, l’esprit et l’âme avant la mort. J’interviens sur cette reconnexion. Il est très important que je reste auprès d’eux jusqu’à leur mort pour que l’âme quitte bien le corps et soit effectivement appelée. »

Sa réponse peut laisser certains perplexes et en éclairer d’autres. Oscar apporte une aide préalable au départ de ces malades atteints d’Alzheimer alors que d’autres mourants n’en ont pas besoin. Cela signifie qu’Oscar perçoit, voit, ressent que ces malades ont spécifiquement besoin d’une harmonisation avant de décéder. Il prépare l’âme à passer. Oscar agit au profit des mourants et non pour son compte personnel. Il agit à un niveau dont la plupart des hommes ne sont pas conscients. Il ne détient pas la capacité de prévoir la mort, mais celle de préparer le mourant pour une belle mort Au-delà de ses capacités médiumniques, Oscar possède une puissante empathie.

Demeure entier le mystère du ressenti à distance de la mort dont font preuve certains animaux. Peut-être faut-il accepter le fait que les animaux sont en communication permanente de conscience à conscience avec les êtres de leur entourage ?

Les chats ont ainsi pleinement conscience de la mort, qu’il s’agisse de la leur ou de celle d’autrui. Si certains savent la repousser en raison de leur attachement terrestre, d’autres l’appellent comme solution à un impossible deuil. Les animaux seraient-ils donc eux aussi confrontés au deuil ?

Le deuil

« Les morts ne souffrent plus. Ils sont heureux ! J'envie
Leur fosse où l'herbe pousse, où s'effeuillent les bois,
Car la nuit les caresse avec ses douces flammes ;
Car le ciel rayonnant calme toutes les âmes
Dans tous les tombeaux à la fois ! »

Victor Hugo, *Les Contemplations*

À l'instar de la connaissance de la mort, le deuil a toujours fait partie des prérogatives de l'homme, celles justement qui lui permettent de se distinguer de « ces bêtes », parce que le deuil présuppose la conscience de la mort. Mais, nous l'avons vu, les chats sont effectivement conscients de la mort, au point de pouvoir la pressentir pour eux-mêmes comme chez autrui. Après le décès de leurs proches, les chats vivent-ils le deuil ? Et si oui, comment ?

LE DEUIL, UNE PÉRIODE DÉLICATE QUI AMÈNE CERTAINS À SE REPOSITIONNER

De toute évidence, les mammifères ne restent pas indifférents à la mort d'un de leurs proches, que ce soit un congénère ou un être d'une autre espèce. Scientifiques, chercheurs, vétérinaires, amateurs et adoptants, tous ont été témoins de comportements de deuil. La littérature spécialisée en éthologie[1] compte quantité d'observations chez les pri-

1. Voir bibliographie, page 269.

mates, les éléphants, les dauphins, les loups, les corvidés, les chiens, les chats, etc.

Les exemples de cérémonial de deuil ne manquent guère : les éléphants peuvent ensevelir leur congénère sous un amas de terre et de branchages et s'attarder longuement auprès du défunt ; les primates peuvent faire silence avant de se mettre à hurler ; une louve alpha peut veiller le cadavre de son partenaire une semaine durant ; les pies peuvent piailler en tournant autour de leur défunte congénère ; les dauphins font cercle ;

un caniche a formé un cercle de pierres autour du cadavre de son ami yorkshire; des chats se rendent tous les jours sur la tombe de leur adoptant...

Lorsque l'un de leurs proches disparaît, les êtres sociaux se rapprochent naturellement pour partager leur tristesse et socialiser le deuil. Pour dépasser la tristesse et l'effroi de la mort, les hommes ont créé des rites de deuil, et les mammifères agissent parfois de façon similaire. Mais pourquoi exigerions-nous des bêtes qu'ils aient des manifestations de deuil similaires aux nôtres pour exprimer le leur? Quand bien même les mammifères adopteraient un ou plusieurs comportements proches des nôtres, pourquoi limiter leurs possibles modes d'expression à nos rituels humains (recueillement, cris, pleurs, inhumation)? De surcroît, le deuil est un travail intérieur propre à chaque individu. En ce cas, pourquoi serait-il le propre de l'homme?

À l'instar des autres mammifères, les chats préservent en leur mémoire ce compagnon disparu et les relations qu'ils entretenaient. Colocataires ou non, certains chats s'apprécient tant que lorsque l'un décède, l'autre n'y résiste pas et souhaite se laisser emporter à son tour.

Nous l'avons vu dans les chapitres précédents: Charente n'a pas réussi à faire le deuil de Néo, ni Sarah de Diego. Quant à Fantasia, qui vit ses dernières heures, elle a une parole pour son compagnon disparu:

> **« J'ai eu un compagnon à la maison, mais je ne l'ai plus. Ce compagnon me faisait du bien. »**

Lorsque Lou, le troisième colocataire, veut partir, il évoque la perte de ses relations avec Fantasia:

> **« Ce n'est pas Fantasia qui me manque, c'est la relation que j'avais avec elle. »**

Et il est d'autres deuils, comme celui d'une vie passée - adoptant ou territoire - qu'il est compliqué de réussir. Mimie et Pépette sont passées par des phases difficiles indiquant le processus en cours. Lilly, elle, ne s'est pas résolue à oublier son premier territoire et elle est retournée y vivre.

Les livres regorgent de témoignages d'animaux domestiques ressentant le décès de leur compagnon humain, dont certains ne parviennent pas à faire le deuil. Certains chats se rendent tous les jours sur la tombe de leur adoptant, quelques-uns y sont morts, refusant de s'alimenter. Oui, les chats vivent le deuil de leurs relations passées. Et plutôt que de lutter, ils optent parfois pour le chemin de la mort qui n'est pour eux qu'un simple passage.

Mais faire le deuil d'un compagnon chat n'est pas une simple affaire de chats. C'est aussi l'affaire des hommes. Les chats sont des animaux qui prennent une place incroyablement débordante dans nos cœurs et nos maisons. À ce titre, mon regard se posera exceptionnellement sur les hommes et le deuil auquel ils sont confrontés lors de la disparition de leur chat.

À LA MORT D'UN CHAT, DEUX ÂMES DISPARAISSENT : CELLE DU CHAT ET CELLE DE LA MAISON

À de très rares exceptions[1], les adoptants ne sont pas indifférents au décès de leur chat. Tout être humain qui a noué des relations affectives avec un être à quatre pattes[2] ressent de la tristesse lorsque cette relation

1. J'ai croisé certaines personnes qui ne se sentaient pas concernées par la probable mort de leur chat. Étaient-elles trop attachées à leurs problèmes courants ? Ou était-ce par peur de vivre de la tristesse ?
2. Bien sûr, cette réflexion est valable pour l'ensemble des animaux de compagnie, qu'ils aient 2 ou 4 pattes, car l'affection qu'on leur porte est identique.

prend fin. Et ce deuil prend du temps lorsque nous lui avons accordé notre affection et notre confiance la plus entière. Car, avec la disparition de ce compagnon, nous pleurons la perte d'un investissement personnel dans lequel nous avons mis la partie la plus pure et la plus généreuse de nous-mêmes. De surcroît, il arrive de nous sentir coupables de ne pas avoir été à la hauteur de l'amour et du dévouement qu'il nous a offerts.

Toutefois, dans notre société, même si l'on peut afficher une tristesse immédiate, il est peu compréhensible qu'elle dure dans le temps. Boris Cyrulnik[1] résume à la perfection ce fait de société: *« Il nous faut aussi apprendre à ne pas tourner en dérision le deuil qu'inflige la mort d'un animal dans la vie d'un enfant ou d'un adulte. Notre culture ridiculise cette souffrance, culpabilise et rend honteux celui qui pleure la bête disparue. »*

Et cependant, il est indispensable pour notre bien-être de mener à terme ce deuil même sans soutien extérieur. Comment faire ce deuil? Tout d'abord, envisager le point de vue de notre animal peut en faciliter le processus. Le moment de sa mort, qu'il a ressenti comme juste pour lui, ne l'est pas nécessairement de notre point de vue. C'est alors que nous avons les plus grandes peine à accepter simplement son décès. Pourtant, il a fait ses choix: celui de mener son chemin à nos côtés comme celui de le poursuivre sans nous. Accepter son départ, c'est accepter qu'il ait pris ses décisions et l'en remercier. Il nous a offert son amour, sa douceur et sa patience durant le temps qui lui était imparti. Lui en être simplement reconnaissant nous emplit le cœur de sa présence éternelle et de paix intérieure.

Vivre et achever ce deuil est l'unique voie qui pourra rendre notre cœur disponible pour l'adoption d'un nouveau compagnon sans le confondre avec le précédent. Car, perturbés par la perte de cet être silencieusement

1. Boris Cyrulnik, Élisabeth de Fontenay, Peter Singer, *op. cit.*, p. 213.

compréhensif, certaines personnes se ruent sur un «remplaçant», qu'ils espèrent à l'image du prédécesseur. Ils lui donnent les mêmes jouets, la même place et, parfois, le même nom. Ils le comparent à son prédécesseur. C'est l'animal de remplacement. Ce nouveau compagnon porte en son cœur le poids de l'animal défunt. Il est renié dans son individualité et dans son intégrité. De fait, il risque de développer des comportements pathologiques, ce qui amènera certains à vouloir lui donner des psychotropes ou à l'euthanasier.

Toute rupture de relations empathiques, de soutien et d'amour nous attriste. Intégrons l'animal aimé dans nos processus de deuil sans honte ni scrupule. Le deuil exige du temps, des mois bien souvent. Le vivre intégralement est la seule voie pour vivre pleinement une nouvelle histoire, un nouveau bonheur, d'autres relations auprès d'un autre animal considéré pour lui-même, avec sa propre histoire et sa propre personnalité.

Les neuf vies des chats

« Les chats ne se déplacent pas au gré des perceptions de leur âme, mais selon les nécessités d'un autre monde dans lequel ils vivent tout autant que sur Terre. »

Anne et Daniel Meurois-Givaudan

LA LÉGENDE DES NEUF VIES DES CHATS

Quelques auteurs ont fait preuve d'imagination pour participer à la création de la légende des neuf vies des chats. Voici la plus belle[1] :

> **« Un vieux matou, mathématicien émérite, mais fort distrait et incroyablement paresseux, somnolait à l'entrée d'un temple. De temps à autre, il entrouvrait un œil pour compter les mouches du voisinage et replongeait presque aussitôt dans sa douce léthargie.**
>
> **Shiva vient à passer par là. Émerveillé par la grâce naturelle, toute féline, que l'animal avait conservée, malgré un embonpoint considérable dû à son oisiveté, le Seigneur des Mondes lui demanda :**
>
> **— Qui es-tu et que sais-tu faire ?**
>
> **L'autre, sans même entrouvrir ses paupières, marmonna :**

1. Julia Deuley, *La Sagesse des chats*, Éditions du Rocher, 1999, p. 14.

— Je suis un vieux chat très savant, et je sais parfaitement compter.

— Magnifique ! Et jusqu'où peux-tu compter ?

— Mais voyons, je peux compter jusqu'à l'infini !

— Dans ce cas, fais-moi plaisir. Compte pour moi, l'ami, compte...

Le chat s'étira, bâilla profondément, puis, avec une petite moue de dédain amusée, se mit à réciter :

— Un... deux... trois... quatre...

Chaque chiffre était prononcé d'une voix plus murmurante et vague. À sept, le chat était à moitié endormi. À neuf, il ronflait carrément, abîmé dans un sommeil béat.

— Puisque tu sais seulement compter jusqu'à neuf, décréta le grand Shiva, souverain des Sphères, je t'accorde neuf vies.

C'est ainsi que les chats disposèrent de neuf existences. Mais Shiva, qui était aussi un subtil philosophe, médita longuement. Le matou lui avait assuré qu'il pouvait compter jusqu'à l'infini. Certes, il s'était arrêté au chiffre neuf, puis s'était endormi. Or, le sommeil, sans nom, sans forme, sans pensée, n'est-il pas une fidèle préfiguration de l'infini ? Alors, Shiva compléta son décret : au bout de ses neuf vies, le chat accéderait directement à la félicité suprême. »

Aussi joli que soit ce conte, il est difficile de s'en contenter comme seule origine de la légende des neuf vies des chats. Selon toute vraisemblance, cette légende a été élaborée à partir de différents apports culturels. L'Égypte antique, qui vénérait les chats, en serait le point de départ. En Haute-Égypte, les chats étaient entretenus dans les temples et préservaient les hommes des maladies – dont la peste – tout autant que leurs greniers à blé. En retour, ils étaient protégés, et quiconque y portait atteinte le payait parfois de sa vie. L'adoration qui leur était portée fut concrétisée par Bastet, la déesse à tête de chat.

Mais pourquoi attribuer neuf vies aux chats ?

Certes, le chat survit à des chutes improbables et détient une incroyable capacité à bondir hors de portée de l'objet qui choit. On lui a ainsi attribué un pouvoir surnaturel, celui de survivre à des situations mortelles. Le chiffre neuf, trois fois trois, correspondrait à une triple trinité ou une triple divinité. Ce chiffre mystique lui accorde l'immortalité divine.

LES RÉELLES CAPACITÉS DE SURVIE DES CHATS

Au-delà de la légende, personne ne leur conteste cette aptitude à survivre que nous, les hommes, serions bien heureux de posséder.

Les chats parachutistes font la une de tous les journaux grâce à leur capacité à se retourner et à ouvrir leurs pattes pour faire parachute. Le record de chute libre avec survie chez les chats serait de 32 étages, soit 137 mètres au total, avec en tout et pour tout une dent cassée ! Le feuillu des arbres a quand même servi d'amortisseur avant que celui-là n'atterrisse sur le sol. Par ailleurs, Sugar, une belle chatte blanche, mais sourde, n'a eu que quelques égratignures à l'issue de sa chute de 19 étages[1]. Quant à Naïs, une chasse à la mouche lui a offert l'opportunité d'un baptême de l'air sur 6 mètres de hauteur avec un atterrissage amorti par une table de jardin. Arrivée indemne, mais sacrément secouée !

1. Voir le site : https://www.bostonglobe.com/metro/2012/03/22/cat-survives-fall-from-floor-boston-apartment/eu4Vml2c3BQ313a4o2A1EJ/story.html, ou, en français : http://wamiz.com/chats/actu/un-chat-quasi-indemne-apres-une-chute-de-19-etages-2256.html.

L'histoire de Bart est encore plus improbable. En 2015, en Floride, son propriétaire le retrouva dans une mare de sang, certainement percuté par une voiture et apparemment mort. Il l'enterra dans son jardin. Pourtant, on revit Bart cinq jours plus tard appelant à l'aide[1]. Cela signifie que, sous terre, il avait pu continuer à respirer et était sorti de son coma. Puis, il s'était dégagé seul de sa tombe.

Ce ne sont que quelques exemples relayés par la presse internationale. Je suis certaine que pléthore de chats ont survécu à des situations rocambolesques. Mais nous le savons bien, nos chats ne sont pas immortels. Comment alors se traduisent les neuf vies de nos chats, et s'en souviennent-ils ?

LEURS INCARNATIONS ANTÉRIEURES

Au-delà de ces étonnantes capacités de survie et avant que les humains ne leur fournissent un lieu de sécurité, nombreux sont les chats qui mouraient dans leurs premières années. Leurs incarnations se succédaient donc assez rapidement.

Deux chats m'ont fait part de leurs incarnations antérieures. Ils évoquent une vie plus ou moins proche des hommes et plutôt courte. Écoutons Orphéus :

> **« Moi, j'ai déjà fréquenté des hommes dans mes incarnations précédentes. Je n'ai rien contre eux. Je n'étais ni sauvage ni enfermé. Je vivais une vie tranquille, pas longue. Tu sais, nous ne vivons pas longtemps. »**

1. Voir le site : http://www.independent.co.uk/news/weird-news/bart-the-zombie-cat-making-full-recovery-following-return-from-the-grave-10010013.html.

Tandis que Néo semblait bien plus autonome :

> **« Je viens de la nature. Je n'étais pas sauvage, mais n'appartenais à personne. Je mangeais chez les hommes et dans la nature. »**

Ces deux témoignages signifient peu de choses. On peut néanmoins constater la présence des hommes autour de ces deux chats autonomes.

LEURS POUVOIRS SURNATURELS

Dans son *Dictionnaire de l'impossible*[1], Didier van Cauwelaert évoque le cas inexpliqué d'un homme condamné à se faire amputer d'une jambe et dont la guérison, officiellement actée, s'amorça en une nuit lorsqu'il fit appel aux bons soins de son défunt siamois. Une nuit, en dernier recours, cet homme avait appliqué quelques poils de son feu Mozart sur sa plaie gangrenée et avait confié sa jambe à ses « pattes » invisibles. Didier van Cauwelaert lui-même, à la veille d'une opération délicate, fit appel à ses deux chattes défuntes et évita ainsi l'opération. Il explique ces guérisons inexpliquées par « *ce lâcher-prise sous-tendu par l'espoir* », c'est-à-dire l'abandon de la lutte mentale pour la guérison.

Alors que je rapportais cette incroyable histoire à ma masseuse, son chat Mystère réclama à être entendu et donna quelques explications sur cette technique de guérison que certains qualifieraient de « chat-rlatanesque » :

1. Didier van Cauwelaert, *Dictionnaire de l'impossible*, Paris, Plon Éditeur, 2013, chapitre « Victoire par abandon », p. 15 à 19.

« Tu sais, une fois partis, nous restons en lien avec les êtres que nous avons fréquentés [sur Terre]. Nous [les âmes des chats ayant quitté la Terre] sommes et formons un égrégore très empathique, tourné vers les humains, vers ceux qui nous ont accompagnés.

Tous ceux qui sont proches de la Lumière aident ceux qui en sont le plus éloignés. Les hommes terrestres en font partie. Si les humains font appel à nous, quel qu'en soit le motif, alors nous intervenons, mais jamais seuls. C'est notre groupe qui intervient avec l'accord de la Lumière.

Mais je n'y suis pas, je suis terrestre. Alors, occupez-vous de mes besoins terrestres pour que je puisse continuer à vous aider, ici. »

Mystère explique que nous pouvons faire appel à nos chats défunts pour favoriser la guérison. Ils agissent par groupe d'âmes avec la Lumière pour guide. La Lumière étant cette puissance cosmique, cette énergie dont tous les êtres vivants sont composés.

Mystère rappelle néanmoins que leurs superpouvoirs sont actifs au quotidien, ici sur Terre. Les chats éliminent les énergies négatives d'un lieu et celles qui stagnent autour des hommes, et ils l'ont démontré à plusieurs reprises dans ce livre. Pour que nos chats terrestres puissent travailler, ils ont besoin de sommeil, de paix et de jeux.

Shiva a bien eu raison d'accorder la Félicité suprême à des Êtres aussi sages.

Mystère

Conclusion

« *Chaque chat réagit diversement en fonction de sa personnalité. Qu'en déduire pour le mien ?* », êtes-vous peut-être en train de penser en refermant ce livre.

Les chats prouvent par leurs réactions et leurs volontés multiples qu'ils sont des individus à part entière et qu'aucun ne ressemble à un autre. De la naissance à la mort, chacun poursuit son propre processus d'individuation même s'il existe des traits communs au sein d'une même espèce. « *Les différences individuelles ne sont donc ni des erreurs de la nature ni des artefacts, mais un* élément tangible du jeu social », nous dit Yves Christen[1]. Et de renchérir en affirmant qu'au sein de chaque espèce, on peut identifier des individus plus ou moins timides, nerveux, aimables, loquaces ou extravertis. Les mêmes écarts se manifestent sur le terrain de l'intelligence comme de la communication : il existe des sujets plus ou moins doués. Certains communiquent peu ou de façon rudimentaire, tandis que d'autres parlent avec une éloquence sans pareil.

En tant qu'individu, le chat présente un caractère ou une personnalité unique. Il doit être considéré pour lui-même et non à la stricte identique de ceux de son espèce. Traiter son chat actuel comme on traitait le précédent, ou comme le voisin considère le sien, équivaut à méconnaître l'individualité et l'intégrité de l'être qui se tient devant soi. L'animal

1. Yves Christen, *op. cit.*, p. 35-36, citant entre autres les travaux de Svartberg, Tapper, Telrin, Redsäter et Thorman dans *Animal Behavior*, vol. 69, 2005.

adopté réclamera un traitement conforme à ses propres besoins et à son tempérament.

L'individualité n'empêche pas l'existence d'une constante propre à l'espèce « chat » – qui n'équivaut pas à celle des chiens, des chevaux, des tortues ou des oiseaux. Les chats veulent satisfaire leurs besoins et savent s'adapter à leur environnement pour pouvoir profiter pleinement de la vie. Ils exploitent tout ce qui peut les servir en ce sens, tant dans leur autonomie que dans leur lien d'attachement à l'homme. Ils assouvissent leurs besoins en gérant un savant équilibre entre ces deux ressources. Cet équilibre, qui peut s'avérer ténu chez les tempéraments indécis, varie selon les caractéristiques inhérentes à chaque individu et selon le moment. Car, même parmi les chats autonomes, certains profitent du sommeil de l'homme pour venir remplir leur estomac et satisfaire leur besoin de sommeil au chaud. Des femelles autonomes n'hésitent pas à confier à l'homme leur progéniture après maintes portées naturelles sans lendemain. À l'inverse, les mères dont le foyer a tué les petits mettront bas, à l'avenir, dans une cachette inconnue de lui.

Les liens que les chats tentent d'établir avec l'homme sont parfois énigmatiques, tant ils peuvent se montrer tantôt indécis, tantôt si déterminés. Être à leur écoute leur permet, à la fois d'exprimer leurs motivations et de se stabiliser. On peut ainsi aisément envisager notre rôle d'adoptant comme un soutien à la réalisation de leurs besoins sociaux, de sécurité et d'hygiène. En échange, ces êtres, qui ne disent rien, mais qui savent tout de nous, nous apportent l'apaisement, la joie, le réconfort physique et moral, et aussi une certaine légèreté. La communication avec l'animal permet de fluidifier cet échange lorsque celui-ci s'enraye.

Respecter l'intégrité et l'individualité de notre chat de compagnie, comme de tout autre animal, est un premier pas écologique. L'écologie animale nous implique dans son environnement vital. Elle nous amène à nous y adapter et à faire en sorte que l'animal puisse vivre selon son rythme vital et son équilibre personnel, et pas seulement en fonction de notre mode de vie. Respecter l'écologie de l'animal nous amène à relativiser notre position, si âprement défendue – ou imposée – depuis des siècles : celle de la supériorité de l'homme sur l'animal. Il s'agit d'abandonner nos tendances dominatrices et exploitantes. Le chat, particulièrement, sait nous remettre à notre place en exigeant soit le respect de son rythme vital (libres entrées et sorties), soit une présence permanente, lorsqu'il est rendu dépendant de l'homme.

Le respect de l'animal passe par des droits. La déclaration universelle des droits de l'animal a été officiellement proclamée le 15 octobre 1978. Les animaux ont ainsi « *le droit à l'existence dans le cadre des équilibres biologiques* ». Ce premier article est bien peu respecté, sachant que l'homme a enclenché, depuis plus d'un siècle et demi, la sixième extinction des espèces. En avril 2014, l'inscription dans le code civil français du statut « *d'êtres vivants doués de sensibilité* » a fait grand bruit pour (presque) rien. Il était une simple mise en conformité avec la législation européenne, d'une part, et les codes rural et pénal français, d'autre part. Les animaux demeurent dans la sphère patrimoniale et sont considérés comme des biens corporels. Néanmoins, le retentissement de cet amendement au sein de la population montre combien la considération de l'homme envers l'animal a évolué. Preuve en est que, sous la pression de l'opinion publique, les parlementaires se préoccupent désormais des conditions d'abattage des bêtes « alimentaires » dénoncées par l'association L214.

Le chat est le sujet principal de cet ouvrage, mais le regard qui lui est porté doit être le même pour tous les autres animaux, qu'ils soient de compagnie ou non. Dans *Vivre avec les animaux*, Jocelyne Porcher écrit : « *Une part de mon identité relève du monde animal et c'est mon amitié fondatrice avec ce chat qui m'y a donné accès. Car les animaux nous éduquent. Ils nous apprennent à parler sans les mots, à regarder le monde avec leurs yeux, à aimer la vie.»* L'animal nous oblige à porter un nouveau regard tant sur nous-mêmes que sur l'autre. Grâce à lui, nous progressons en nous-mêmes, mais aussi nous considérons avec plus d'empathie ceux qui sont différents de nous en apparence. Car, génétiquement, les animaux sont constitués des mêmes cellules que les humains: ils ressentent physiquement et psychologiquement. Ils ont des émotions et des besoins. Ils ont des capacités cognitives. Ils sont grégaires et ont une morale. Certains éthologues parlent désormais d'«animal humain» et d'«animal non humain». L'animal fait partie de notre identité d'humain. Nous entrons alors dans l'éthique animale. L'existence d'une conscience chez l'animal ne fait, d'ailleurs, plus débat chez les éthologues contemporains. Le philosophe Peter Singer souhaite que l'animal non humain ne soit plus un bien et qu'il ne soit plus soumis aux règles de la propriété. «*L'animal non humain s'appartient à lui-même*», écrit-il. Les animaux humains ont une âme. Quand reconnaîtrons-nous l'âme des animaux non humains?

L'éthique animale englobe tous les animaux de la planète, sans exclusion et sans limites. Y compris les animaux sauvages, les animaux torturés en laboratoires et les 60 milliards de bêtes dédiés à l'alimentation humaine annuelle. Il est souhaitable et même nécessaire d'accorder une plus grande place à ces milliards d'individus. Il est possible d'étudier les animaux sans les torturer. Les tests cliniques sur les animaux sont inutiles et remplaçables. Il est aussi possible de consommer moins de viande et de cesser notre barbarie dans l'élevage. C'est une question d'écologie et d'éthique humaines et animales. Nous sommes tous les descendants issus d'une même cellule et de la même planète. Mahatma Gandhi disait: «*On mesure le degré de civilité d'un pays à la manière dont le pays traite ses animaux.*» Respecter l'animal nous permet d'élever notre condition humaine.

Pouvez-vous raconter votre lecture à votre chat et lui demander ce qu'il en pense ?

Je me réjouis d'avance de découvrir sa réponse, ou à défaut votre réponse, ainsi que sa photo sur :

- Facebook : De Conscience à conscience, communication animalière (www.facebook.com/De-conscience-%C3%A0-conscience-Ecoute-animali%C3%A8re-279078025894161/).
- ou mon blog : http://communicationanimale-es.blogspot.fr/.

Bibliographie et filmographie sélectives

LIVRES

Thomas d'Ansembourg, *Cessez d'être gentil, soyez vrai*, Éditions de l'Homme, 2001.

Claude Béata, *Au risque d'aimer - Des origines animales de l'attachement aux amours humaines*, Paris, Éditions Odile Jacob, 2013.

Didier van Cauwelaert, *Dictionnaire de l'impossible*, Paris, Plon Éditeur, 2013.

Yves Christen, *L'animal est-il une personne ?*, Paris, Éditions Flammarion, 2009.

Boris Cyrulnik, Élisabeth de Fontenay, Peter Singer, *Les animaux aussi ont des droits – Entretiens réalisés par Karine Lou Matignon*, Paris, Éditions du Seuil, 2013.

Julia Deuley, *La Sagesse des chats*, Monaco, Éditions du Rocher, 1999.

Vinciane Despret, *Que diraient les animaux, si… on leur posait les bonnes questions ?,* Paris, Éditions La Découverte, 2012.

Franz-Olivier Giesbert, *L'animal est une personne : pour nos sœurs et frères les bêtes*, Paris, Éditions Fayard, 2014.

Amélia Kinkade, *Comment parler aux animaux et recevoir des réponses*, Paris, Éditions Véga, 2017.

Karine Lou Matignon, *Sans les animaux, le monde ne serait pas humain*, Paris, Albin Michel, 2000.

Matthieu Ricard, *Plaidoyer pour l'altruisme : la force de la bienveillance*, Paris, NiL Éditions, 2013.

Matthieu Ricard, *Plaidoyer pour les animaux*, Allary Éditions, 2014.

Frans de Waal, *L'Âge de l'empathie – Leçons de la nature pour une société solidaire*, Paris, Éditions Les Liens qui Libèrent, 2010.

Philippe de Wailly, *Le Sixième Sens des animaux*, Monaco, Éditions du Rocher, 2001.

DOCUMENTAIRES

Les animaux pensent-ils ? Gabi Schlag et Benno Wenz, Allemagne, 2012. https://www.youtube.com/watch?v=dOgN4epVNS8.

The secret life of the cat, Helen Sage, BBC, Grande-Bretagne, 2013. http://www.dailymotion.com/video/x10w49m_the-secret-life-of-the-cat-1-2_shortfilms.

Blackfish, L'orque tueuse, Gabriela Cowperthwaite, USA, 2013. https://vimeo.com/151992848 (partie 1), et https://vimeo.com/152053172 (partie 2).

L'intelligence animale et végétale, Boris Cyrulnik et Jean-Marie Pelt, 2013. https://www.youtube.com/watch?v=0Cj0eD2hQzY.

Parler avec les animaux, Dominique Filhol, Cosmopolitis Production et Equidia life, 2016.

Dans la peau des animaux, Laila Del Monte, Production Camila Lucida, 2014. https://www.youtube.com/watch?v=Bfj-eRC_OSA.

Les animaux médecins, Michael Huffman, Jacques Mitch, Arte, 2014. https://www.youtube.com/watch?v=U_SFRBU8X1M.

L'animal est une personne! F.-O. Giesbert, Gilles de Maistre, Outside Films, 2015.

Les animaux ont-ils des droits ?, Claire Parnet, Arte, 2016. http://sites.arte.tv/square/fr/les-animaux-ont-ils-des-droits-square.

ARTICLES

Les animaux ont-ils des droits ?, Renaud Denoix de Saint Marc, 2011. http://www.oncfs.gouv.fr/IMG/file/juridique_synthese/FS292_saint_marc.pdf.

pca
cmb
édition pré-presse
livres numériques

44400 Rezé

Imprimé en France par IME by Estimprim 25110 Autechaux